JN439301

성낙향 수필집

염장다시마

성낙향 수필집

염장다시마

수필과비평사

책머리에

감정과 기억들. 사진기나 녹음기로는 저장할 수 없는 그것들을 글자로 되살리는 작업을 했습니다. 작업 내내, 표현하고자 했던 본질은 끄집어내지 못하고 거죽만 묘사하기에 바쁜 제 무능에 가슴을 쳤습니다.

방치되어 있던 내면의 풍경들을 복원하는 공정은 지난했지만, 어설프게나마 재건된 그것들은 이제 더는 퇴락하지 않고 페이지 속에 머물러 있을 것이기에 보람도 느낍니다.

써놓은 원고를 꺼내 읽기만 하고 출간할 마음을 내지 못했습니다. 글을 쓰면서 뭣보다, 누군가 이미 발표한 글과 비슷한 글, 같은 표현을 반복하는 것은 아닌가 하는 의구심을 떨칠 수 없었습니다. 새로울 것도 흥미로울 것도 없는 진부한 산문을 수필이라 우기며 세상에 들이미는 우를 범하는 것은 아닐까 걱정이 컸습니다. 그런 글들로 책을 만든다면, 제 몸을 내어주는 나무와, 만드는 수고를 해주시는 분들, 창작지원금을 쾌척하신 분과 독자 여러분께 너무도 죄송한 일일 것입니다.

그럼에도 굳이 책을 내는 까닭은, 더 좋은 글을 쓰고 싶은 이기심 때문입니다. 부족한 것을 감추려고 작품을 틀어쥐고만 있으면 제 글이 발전할 수 없겠다는 생각이 들었습니다. 제 눈에는 한쪽만 보이는 글들입니다. 누구든 제가 보지 못하는 다른 쪽을 봐주시고 조언해주시면 좀 더 성숙한 글을 쓸 수 있지 않을까 하는 욕심 가져봅니다.

이제 서랍 속에 쌓인 묵은 글들을 비우고, 그간 만나지 못했던 낯선 글들이 제 안에 차오르기를 기다리려 합니다.

제 자신을 가장 잘 표현할 수 있는 도구, 글이 있음에 감사합니다.

그리고, 몇 년 만의 해후에도 잊지 않고 늘 제 '병약한 글'의 안부를 물어주던 지인들. 한 분, 한 분, 모두 감사합니다. 그동안의 관심과 후원에 이 서툰 글 묶음이 조금이라도 갚음이 되기를 두 손 모아 기원합니다.

2011년 10월 수영강변에서

성 낙 향 드림.

|차례|

1부 어금니 하나

2부 언제 노인이 되는가

3부 | 오토바이 타는 여자

4부 철물점 풍경

5부 | 우울한 날에는 시장에 가지 않는다

1

어금니 하나

저 빗방울들

까마득한 허공의 어딘가에서 물방울들이 뛰어내린다.

허리에 줄 따위 묶지 않고도 추호의 망설임 없이 뛰어내린다. 세상의 숱한 물방울들 중에서 광활한 공간을 빗금 치며 낙하하는 저들만이 '비'라는 이름을 얻는다.

저 비처럼 두려움 없는 존재에게선 때로 아름다움이 느껴진다. 제 존재에 연연해하지 않는 것들만이 두려움이란 감정에서 자유롭다. 어쩌면 다시 출발점으로 돌아갈 수 있음을 알기에 저 빗방울들, 저리 거침없는 것인지 모른다.

비는 연인을 향해 달려가는 남자의 뜀박질처럼 갈급하게 유리창에 부딪힌다. 산산이 부서진 빗방울의 파편들이 손톱으로 유리창을 긁으며 힘없이 미끄러진다. 저 빗방울이 가닿고 싶었던 곳은 어쩌면 유리창 안쪽, 탐스럽게 벙근 붉은 제라늄 화분이었을까.

창밖으로 머그잔을 내민다. 작고 우묵한 공간 안에 비가 내린다. 주전자의 뜨거운 물 아니면 수도꼭지의 수돗물이나 받아보던 머그잔에게 비는 처음 만나는 신선한 액체일 것이다. 비는 순순이 머그잔 안에 제 몸을 담근다.

까마득한 허공의 어딘가에서 물방울들이 뛰어내린다.

개 한 마리가 귀를 내려뜨린 채 길 모퉁이를 돌아간다. 빗방울이 개의 등에 떨어진다. 맹렬한 충돌이었지만 비는 개를 상처입히지 않았다. 작은 멍조차 들이지 않았다. 개는 등에 빗방울들을 태우고 천천히 걸어간다. 며칠 전에 꽃이 져버린 벚나무의 둥치들이 검게 윤이 난다. 제과점 맞은편 옥상에 널린 수건 몇 장이 분주하게 몸을 흔들며 젖은 대기를 닦아댄다. 세상 모든 만물들은 비가 오면 비를 맞는다. 송두리째 온몸을 비에 내맡길 뿐 비를 피하지 않는다. 비에 젖기를 거부하는 건 인간뿐이다.

비가 내리면 거리에는 삽시간에 우산들이 펼쳐진다. 비를 막아내는 아주 오래된 방패들이다. 미처 우산을 준비하지 못한 사람들은 두 손으로 머리를 가리고 건물 처마 밑으로 뛰어간다. 검은 스커트의 처녀는 갑작스런 비에 당황하여 짧게 비명을 지른다. 비를 맞으면 옷과 머리모양이 망가지고 감기에 걸리는 까닭이다. 꽃과 나무들은 비에 흠씬 젖어도 앓는 법이 없다. 기린이나 하이에나도 그렇지 않은가? 비를 맞는다고 해서 거리에 늘어선 조형물들이 더 후줄근해지지도 않는데 비 오는 날의 인간은 습자지만큼이나 연약하다. 저 빗속을 느긋하게 산보하는 개와 새들의 여유가 멋스럽다.

까마득한 허공의 어딘가에서 물방울들이 뛰어내린다.

살아오는 동안 비 내리는 날들은 수없이 많았고, 그날마다 우산을 썼던 습관으로 오늘도 다시 그것을 활짝 펼쳐든다. 두세 걸음 앞에 점퍼 차림의 사내가 정수리께에 손바닥 우산을 올리고 재게 걸어간다. 베이지색 점퍼의 등 언저리에 빗자국이 점점 짙게 번진다.

그가 비를 맞고 가는 모습에 마음이 쓰이지만 다가가 내 우산의 반쪽을 내어주지는 못한다. 생면부지의 사람과 우산 속에 몸을 밀착시키고 나란히 걸어가는 어색함을 견뎌낼 자신이 없어서다. 아줌마가 되면 아무에게나 쉽사리 말을 건네고 곁을 내주더라마는 나는 아직 유아기적 낯가림을 청산하지 못했다.

낯가림은 상대를 배려하거나 호의를 베푸는 걸 방해하므로 죄악이다. 다른 누군가에게 친절한 사람이 되는 것을 방해하기에 죄악이다. 나는 죄인이 되어 베이지색 점퍼가 빗속을 뛰어가는 것을 바라본다. 그와의 거리가 멀어지자 그제야 슬몃 마음이 가벼워진다. 이럴 때는 헨리 소로우의 말을 떠올려서 마음속의 죄책감을 희석시켜야 한다. 소로우, 그는 말했었다. 너무 도덕적으로 살려는 사람은 위선을 저지르기 쉽다. 무조건 착하게 살려고 하기보다는 그 무엇엔가 착한 사람이 되는 게 낫다. 나는 소로우가 늘 고맙다.

까마득한 허공의 어딘가에서 물방울들이 뛰어내린다.

허리에 줄 따위 묶지 않고도 추호의 망설임 없이 뛰어내린다. 세상의 숱한 물방울들 중에서 광활한 공간을 빗금 치며 낙하하는 저들만이 '비'라는 이름을 얻는다. 무조건 착하게 살지 않는 사람의 우산 위에도 비는 내린다.

어금니 하나

반사경을 쓴 의사가 바투 다가앉는다. 올 것이 오고야 말았다. 나는 이제 저 의사에게 내 입 안을 보여야 한다. 이 상황과 맞닥뜨리기 싫어서 치과 가기를 얼마나 미루었었나. 진찰대에 누워서도 그랬다. 상한 이의 상태가 어느 정돈지, 치료는 어떻게 얼마나 받아야하는지에 대한 걱정보다도 나는 내내 입 안을 다른 누군가에게 보여야 한다는 부담감에 사로잡혀 있었다.

내게 있어 입 안을 보인다는 건 장이나 뼈를 열어 보이는 것과는 달랐다. 흡사 산부인과에 가서 샅을 내놓는 것하고 비슷한 기분이 들었다. 얼굴 아래쪽에 뚫려 아무나 쳐다보는 입이 뭐 그리 대단한 치부일까.

우리가 일상에서 남들에게 보여주는 입은 대개 입술과 그 사이로 살짝 드러나는 치아와 혀의 앞부분이다. 입이 연출할 수 있는 아름다운 부분만을 드러낼 뿐이다. 치의학 잡지에서 구강 사진을 처음 봤을 때 사실 난, 기겁했었다. 개구기開口機로 까 벌린 입술의 뒤편에 벌겋게 드러난 잇몸은 모양도 빛깔도 흉측했다. 작정하고 벌린 입 안의 각 영역은 내가 알던 것하곤 느낌이 너무 달랐다. 잇몸에 박힌 누르께하게 골이 파진 어금니들과 볼 살 안쪽의 미끌거리는 점막도 내 입에 든 것과 같은 거라고 인정하기 싫을 만큼 거북한 생김을 하고 있었다.

그 입에서 <오 사랑하는 나의 아버지>의 선율이 흘러나온다는 게 믿기지 않았다. 감미로운 키스를 나누는 입 속이 그 꼴이라는 게 여간 실망스럽지 않았다. 여자들이 하품을 하거나 웃을 때 입을 가리는 이유를 알 것 같았다.

의사 앞이라고는 하지만 경악스런 그 사진과 똑같은 모양으로 입을 벌리고 있어야 한다는 게 자존심 상했다. 그런 입 안을 노상 들여다봐야 하는 의사도 못할 짓이거니 싶었다. 어떻든 간에 어쩔 수 없게 되었다. 입을 열어야만 했다. 나잇살이나 먹어가지고 애들처럼 입을 앙다물고서 바쁜 의사를 애먹일 수는 없는 일이다.

눈을 질끈 감는다. 얼굴에 씌워진 수술포의 구멍을 통해 마침내, '아–' 하고 입을 벌린다. 이왕 벌리는 거 진찰이나 잘하라고 입가가 찢어져라 냅다 벌린다. 아아, 입 안으로 쏟아지는 눈부신 조명. 천 촉 밝디 밝은 불빛에 내 혀와 이와 목구멍과 입천장이 적나라하게 드러나리라.

섬뜩하게 차가운 치경齒鏡이 입 안으로 들어와 볼 살을 눌러댄다. 입 안을 짯짯이 훑어대는 의사와 위생사의 시선이 혓바닥의 돌기 하나하나마다에 느껴진다. 침은 실로 끊임없이 분비된다. 잠시 멈추었으면 좋겠으나, 침이란 도무지 내 의지로 조절할 수 없는 점액이다. 소용없는 순간에도 쓸모없는 것을 생산해대는 내 몸의 불완전성에 쓸쓸해진다.

나는 심판받는 기분이 들었다. 의사와 위생사는 이와 잇몸의 형태만 보고도 수십 년간 내가 씹고 으깨어온 음식들의 형상을, 시도 때도 없이 걸쭉하게 식도로 넘어가던 그것들이 뭔지를 낱낱이 알아 낼 것 같았다. 내 혀가 입천장에 부딪혀 만들어낸 오만가지 말들이 그들의 눈에는 다 읽힐 것 같았다. 어떤 습관과 취미를 가진 작자이며, 어떻게 인생을 살아온 작자인지 한눈에 파악할 것 같았다.

내가 내내 불편해했던 건 타인의 눈에 나라는 인간의 실체를, 은밀하게 숨겨온 그것들을 송두리째 자백해야 한다는 사실이었는지 모른다. 하지만 그들은 탐욕과 나태에 사로잡힌 내 본성을 다 알아내고서도 모른 척 시침을 뗄 게 분명했다.

그랬다. 역시나 의사는 긴말을 하지 않았다. 단순명료하게 요약해서 풍치라고만 했다. 잇몸 염증으로 인해 상악 좌측 6번 어금니의 뿌리가 상했고, 그래서 더 이상 잇몸 뼈를 붙잡을 수 없게 된 그것을 뽑아야 한다고 했다. 이미 내가 가진 약점을 다 들켜서 기가 죽어버린 처지라, 나는 의사의 설명에 반론 따윈 할 염도 내지 못하고 연신 고개만 주억거렸다.

주삿바늘이 잇몸을 쿡 찌른다. 바늘에서 흘러나온 리도카인이 곧장 신경을 마비시킨다. 의사가 겨냥한 6번 어금니가 잠시 묵직하게 들썩이더니 한순간에 쑥 뽑힌다. 발치가 생각보다 너무 간단해서 얼떨떨하다. 통증이 없어서인지 실감이 나지 않는다. 혀끝으로 발치된 자리를 더듬어볼까 하다가 그만둔다. 용기가 나지 않는다. 잇몸에 새로 생겨난 구멍 속에 혀를 집어넣어 어금니 한 개가 방금 내 입에서 사라졌다는 그 불쾌하고도 서글픈 사실을 온몸으로 확인하고 싶지는 않다. 자신에게 잔혹한 짓이다. 난 그저 위생사가 하라는 대로 천천히 상반신을 일으켜 입을 헹군다.

하얀 사기 볼 안에 붉은 핏물이 확 쏟아진다. 내 입에서 큰 일이 벌어졌단 게 그 핏물을 보고서야 실감된다. 그러자 갑자기 울컥해진다. 하수구멍으로 빨려 들어가는 핏물 위에 또 한 모금의 핏물을 거푸 뱉는다.

진찰대에 도로 기대다가 드레싱 카트 위, 발치도구들 옆에 올려 진 어금니 한 개에 시선이 스친다. 뿌리 부위에 붉은 것이 엉겨있는 그 어금니. 45년 동안 다른 이들과 나란히 열을 맞춰 내 잇몸 속에 박혀 있다가 이제 막 홀로 떨어져 나온 그것. 왠지 그것을 제대로 쳐다볼 수가 없다. 마치 시장에서 배추 우거지를 줍는 초라한 아버지를 목격한 아이처럼, 모른 척 눈을 돌리고 만다. 위생사가 발치한 구멍에 거즈를 밀어 넣는 것을 마지막으로 모든 드레싱은 끝났다.

마비가 풀리지 않은 볼은 퉁퉁 부은 느낌이다. 치료비를 내고 거리로 나섰는데 신경은 온통 입으로 가 있다. 입에서 뽑아낸 어금니 한 개가 머리에서는 아직 떠나지 못하고 있다. 치과에 두고 온 그것에 자꾸 마음이 쓰인다.

45년 동안 내 몸의 일부로 존재한 어금니. 기나긴 세월을 함께 해온 그것을 단 한 번 사용한 이쑤시개나 종이컵처럼 아무렇게나 거기 버리고 오는 게 아니었다는 후회가 든다.

온갖 더러운 쓰레기들이 가득한 휴지통에 버려지도록 하는 게 정녕 아니었다. 내 생을 이 날까지 조력해 준 어금니에게 그동안 수고했다, 고마웠다는 말 한마디 건네지 않았잖은가. 작별의 인사 뒤에 깨끗하게 썩어갈 곳에 묻어주는 게 도리였다. 오래 쓴 바늘 하나가 부러져도 조문을 지어 기려주는 여인이 있었거늘 아아, 나란 사람의 인격은 어찌하여 이토록 박정하고 용렬하기 짝이 없는가.

'다시 올라가서 어금니를 달라고 할까?'

거즈를 꽉 깨문 채로 멈추어 서서 나는 길 건너 치과를 올려다보았다.

나무를 보았네

사거리로 내려가는 길의 한쪽 어름에 공터가 있다. 그곳에는 버려진 문짝과 의자와 그것들과 마찬가지로 누군가로부터 버려진 것 같은, 별 특징도 볼품도 없이 앙상한 나무 한 그루가 있었다. 원래는 어느 집 마당의 정원수였던 것이 그 집 식구들이 떠나고 주택마저 철거되어 공터에 혼자 남은 듯했다.

겨우내 그 나무를 지나치면서 별 관심을 가지지 않았다. 산으로부터도 밀려나고, 인간으로부터도 버림받은 그 나무는 내게 있어 낡아빠진 문짝이나 의자와 똑같이, 그저 그 공터에 방치된 하나의 고물이자 우중충한 정물일 뿐이었다.

어느 날 아침, 출근길에 멀리 공터 위로 낯선 것이 걸려있는 것이 보였다. 깨끗하게 빨아 넌 흰 손수건 같기도 하고, 환하게 불 밝혀진 알전구 같기도 한 것들이 공터 뒷집 먹색 슬래브 지붕을 배경으로 점점이 떠 있었다. 공터 가까이 다가간 나는 순간 탄성을 지르며 그 자리에 멈춰 섰다. 방세가 밀린 세입자처럼 늘 어딘가 불편한 자세로 서 있던 그 나무가 전날 내린 비에 부풀어 오른 무수한 흰 꽃송이를 가지에 매달고 있었던 것이다.

눈부신 순백의 꽃들을 보고서야 신원을 알 수 없던 그 나무의 정체가 '목련'임을 알게 되었다. 마치 몇 년간 데면데면하게 지내온 동네슈퍼 주인이 사실은 잃어버린 친동생임을 알게 되었을 때의 기분, 그런 황당함 같은 걸 나무 앞에서 느꼈다.

목련이라면 항상 우리 곁에 있어 친숙한 나무다. 오랜 세월 동안 수없이 보아왔기에. 누군가 나에게 목련나무를 아느냐고 물었다면, 분명 잘 안다고 대답했을 것이다. 그러나 나는 목련을 몰랐다. 내가 알고 있었던 것은 단지 목련나무가 피워 올린 희고 탐스런 꽃송이에 불과했다.

나무의 둥치나 껍질이나 잎사귀에는 제대로 눈길을 주지 않았었다. 비가 내리거나, 찬바람이 불 적에 목련나무가 그것들을 견뎌내는 모습을 지켜본 적도 없이, 그저 봄날의 짧은 며칠, 발화發火하듯 피는 꽃송이들에 열광했을 뿐이다. 이지러진 양초 덩어리처럼 뚝뚝 꽃들이 떨어지고 그 자리에 새살 차듯 자잘한 잎이 돋아나면 나무는 차츰 시선 밖으로 물러났다가, 다른 신록들 속에 묻히게 되는 여름이 오면 늘 그렇듯 '이름을 알 수 없는 나무'로 전락하고 말았다. 목련나무 본연의 모습보다 한 때의 꽃단장에만 미혹되던 나의 부박함이 느껴져 씁쓸했다.

그러나, 겨울동안 메마른 가지를 치켜들고 숨도 쉬지 않는 것처럼 조용히 서 있다가 다른 꽃나무들이 겨울과 봄의 모호한 날씨를 탐색하는 사이에 꽃을 확 피워버리는 기습적인 개화의 방식 때문에, 정작 그것을 생산해낸 회색의 나무둥치와 가지들은 한낱 꽃을 위한 버팀목처럼 내 눈의 초점 밖으로 밀려났는지도 모르겠다.

열정도 의지도 없이 다만 생장할 뿐이라고 여겼던 나무의 내부에 응축되어 있던 욕망을 본다. 세상에 자신이 있음을 당당하게 밝히고자 인고하며 때를 기다려온 뜨겁고 질긴 욕망이 그 나무를 돌아보게 한다.

공터 한쪽에서, 돌멩이를 던지고 발로 차도 구부정한 자세 그대로 묵묵히 서 있을 뿐이던 나무는 별 보잘 것 없다가 난데 없이 일등을 한 아이처럼, 오늘 찬란하다. 일 년 중 며칠간은 온몸에 명찰을 달고 세상에 제 이름을 외치는 목련나무를 떠나 오면서, 그것과는 또 다른 방식으로 제 존재를 알리는 참나무를 생각해보았다.

한 알의 도토리에서 시작되는 우리 산야의 흔하디흔한 참나무들. 이렇다 할 특징도 없이, 산속에 군집해서 생전 누군가의 눈길 한 번 끌지 못했을 한 그루의 참나무는 톱으로 베어져

제 속살이 지닌 향을 드러내고서야 나로 하여금 제 존재를 돌아보게 했다.

고대 그리스 신들이 맨 처음으로 만든 나무라 하여 '어머니 나무'로 불리는 참나무. 나에게는 그런 참나무로 만든 작은 밥통이 있다.

갓 지은 뜨거운 밥을 그 밥통 안에 넣어놓으면 둥글게 맞물려진 참나무 널조각들은, 시골 방 아랫목에 놋주발을 묻어두는 어머니처럼 제 가슴에 흰 쌀밥을 품고서 오래도록 온기를 보존시켜준다. 온기도 온기지만 밥알마다에 은은하게 스며든 참나무 향기는 또 어떤가. 무심코 밥통의 뚜껑을 열었을 때 밥의 훈기에 우러나 있던 나무의 향기가 코끝에 물씬 와 닿으면, 바흐의 무반주 첼로를 들을 때처럼 마음의 갈피마다 아늑한 울림이 인다.

향이 좋은 까닭에 옛날부터 청어나 연어를 훈연시킬 때, 질 좋은 와인을 숙성시킬 때, 수많은 나무들 중에서 참나무를 골라 사용했다. 물론 편백이나 향나무처럼 생살 속에 고아한 향을 가진 다른 나무도 있긴 하다. 그러나 자신은 한 번도 가본 적 없는 세상에서, 낯선 방식으로, 낯선 추억을 쌓으며 자라난 연어와 포도, 그 이질적인 것들이 가진 본래의 향을 거스르지 않으면서 오히려 깊고 그윽한 풍미까지 더해주는 나무는 오로지 참나무뿐인 것을 옛사람들은 알았던 모양이다.

한겨울, 늙은 군고구마장수가 끌고 다니는 수레의 양철화덕 속에서 타닥타닥 타오르는 참나무 향내는 고층건물로 빽빽한 도심의 거리에 일순, 이른 저녁나절의 시골 정취를 풀어놓는다. 장작 몇 개일 뿐이나, 그 향이 너무도 짙고 깊어서 양철화덕 속에는 해묵은 참나무 숲 하나가 통째 타고 있는 듯하다.

스님들의 독경처럼, 수사들의 그레고리안 성가처럼 긴 여운을 남기며 대기 속으로 사라지는 향기가 아까워 주린 듯 그 향을 맡는다. 무엇을 태운들 저리 맑고 그윽한 향기를 풍길까. 태워도 결코 정갈한 향을 풍기지 못할 내 몸, 내 삶을 알기에 참나무 향기를 맡을 때마다 한없이 부끄러워진다.

열매를 겹겹의 껍질로 싸고도 가시까지 촘촘하게 세우는 밤나무와 달리, 산짐승들에게 순하게 도토리를 내어주고, 외부의 적들을 제거하기 위해 독소를 만들어내는 은행나무와 달리, 제 속의 영양분을 둥치에 달라붙은 버섯들과 나누어가지는 욕심 없는 나무. 소나무처럼 그악스럽게 햇빛을 긁어모으지도 않고, 꽃송이마저 잎사귀 아래로 드리우는 가식 없는 나무. 남보다 많은 겸손의 덕을 몸 안에 지니고, 남보다 적게 탐하는 일생을 살아왔기에 불길에 사루어지는 참나무의 향기는 고결할 수밖에 없는 것인가.

지난 가을, 갑작스럽게 이모님이 돌아가셨다.

세상 사람들 속에 묻혀 눈에 띄지 않게 평범하게 살아온 그분의 삶이었건만, 나흘간의 장례식 동안만큼은 일생 받지 못한 주목을 받았다. 묵묵히 살다 느닷없이 활짝 꽃피워 세상에 제가 있었음을 알리는 목련나무처럼.

이모님은 남아서 고인을 추모하는 자들의 기억 속에서 한 결같이 아름다웠다. 모두들 천사 같은 사람이었다고 했다. 사람들은 사고로 망가진 고인의 싸늘한 얼굴에 뺨을 비비며 눈물 흘렸다. 그렇게 모두들 울면서 고인의 자취를 아린 마음으로 더듬었다. 관 속에 누운 이모님에게서는 양철화덕 속의 참나무 같은 향기가 장례식 내내 풍겨났다.

내 삶도 사람들에게 조상되는 때가 올 것이다. 죽음을 들여다보며, 어떤 죽음을 맞을까 생각하면 어떤 삶을 살아야 하는지는 분명해진다. 무심히 지나쳐온 목련과 참나무는 이모님의 별세를 통해 인생의 종결부를 되새기게 하고, 남은 삶에 대해서도 숙연해지게 하는 그런 나무가 되었다.

매미철

여름이 되면 세상은 개업한 점포 같다. 모든 집들엔 문과 창문이 활짝 열리고 사람들은 한정 세일 되거나 새로 출시된 바람을 찾아 거리로 몰려나온다. 7월에 개업한 바다는 해변의 파도를 사러온 사람들로 초만원이고, 365일 영업하는 산과 계곡도 이맘때가 성수기다.

이 여름, 개업집 앞에서 온종일 목청 높여 홍보행사를 하는 도우미는 매미들이다. 활기 가득한 도우미의 목소리는 한철 지칠 줄 모르는 입심으로 사람들을 호객한다. 고성방가이어도, 도우미가 외치는 거리는 흥겹다. 그런 거리는 한 판 축제가 되고, 모든 사람이 그 화끈한 행사의 주인공이 된다. 아무것도 사지 않아도 축제는 즐길 수 있다. 마음이 가난한 사람도 그늘에

누인 몸을 일으켜 여름 세일이 한창인 거리를 산보하고 싶어진다.

그런 여름날, 매미는 세상의 모든 귀를 습격한다. 가공할 소리의 진동판을 장착하고 수목의 진지 뒤에 몸을 숨긴 채, 성하의 어느 날부턴가 공습의 사이렌을 울린다. 매미의 성량은 제 몸에 비해 폭발적이다. 최고 성량을 자랑하는 아프리카 매미의 목청은 106데시벨. 전화벨 소리가 70데시벨, 공사장의 착암기 소리가 100데시벨임을 감안하면 엄청난 발성이 아닐 수 없다.

인간 세상에서도 목소리 큰 이가 이긴다지만, 이 족속들은 도무지 주변의 눈치라곤 보는 법 없이 제 성질대로 마구 소리를 질러댄다. 예의도 염치도 없다. 지구상의 어느 생물도 만물이 공존하는 이 우주공간에 매미처럼 극렬하게 제 소리를 풀어놓진 않는다. 개도, 소도, 새도 꼭 필요할 때만 소리를 지르고 입을 다문다. 목청 큰 아줌마들도 이놈들을 당하진 못한다. 개구리 떼의 울음도 극성맞긴 하지만 변방에서만 울어대니, 전 국토를 장악하고 유린해대는 매미에 비하면 점잖다 해야 하리.

이렇게 시끄럽게 소리를 질러대는데도 사람들은 매미에 관대하다. 지난날, 한나절 짖어댄 걸로 우리 뒷집 개는 신고 당했다. 귀여운 내 아기도 삼십 분 악을 쓰고 볼기짝을 얻어맞았다. 아파트 위층에서 좀 뛴다 싶으면 아래층 사람은 분기탱천, 득달같이 올라가 항의를 해댄다.

도서관에서도 사정은 같다. 옆 사람과 속삭거리기만 해도 핀잔을 듣고, 소리 죽여 울리는 구두 굽 소리마저 눈총을 받건만, 물탱크가 터진 듯이 열린 창으로 쏟아져 들어오는 매미 소리에 시비 거는 사람은 없다. 매미 소리가 시끄럽다고 읽던 책을 덮고 나가는 사람도 없다. 그렇기는커녕, 매미 소리가 시원하다고 한다. 여름은 매미가 울어줘야 제격이라고도 한다. 누구는 소리를 즐기기 위해 매미를 조롱에 넣고 키우기까지 한다. 매미는 복도 많다. 조수미의 노래조차도 한 달 내내 전 방위에서 연주되면 모두에게서 외면당하고 말 텐데.

매미 소리가 소음성난청을 유발할 만큼 고음역임에도 불구하고, 바늘 떨어지는 소리에도 예민한 우리 남편을 비롯하여, 대다수 인간들의 신경을 거스르지 않는 것이 신기하다. 원래 저 족속은 저렇거니 한다. 닭과 소는 물론이고 늘 귀를 곤두세우고 사는 토끼조차도 한 귀로 흘려들을 뿐, 대거리를 하지 않는다. 다행이다. 인간이 매미의 소리를 못 견뎠다면 울지 않곤 못 배기는 매미, 저 족속들의 씨는 이미 이 세상에서 말라버렸을 것이다.

매미가 21세기에 갑자기 등장한 신종 곤충이었다면, 남 개의치 않고 꼴리는 대로 울어대는 불손한 태도를 생태계의 구성원들에게 용납 받지 못했으리라. 그러나 수만 년의 기나긴 세월 동안 제 성정을 굽히지 않았던 매미의 일관된 처세는 결국, 우리의 귀를 길들이고 말았다. 이제 여름이면 당연히 매미가 울 것을 기대하고, 매미 소리가 늦어지면 불안하기까지 하다.

그러나, 모두가 그런 것은 아니다. 곤충을 먹는 새들은 매미 소리에 경악한다. 그들의 연약한 고막은 무시무시하게 달려드는 100데시벨의 소리를 감당할 수 없다. 그것은 시속 350킬로 속도로 내달려 이륙하는 비행기 앞에 버티는 것과 같다. 마구잡이로 흉기를 휘둘러대는 매미를 새들은 함부로 공격하지 못한다. 매미의 울음은 제 몸을 보호하는 고성능 무기다.

매미라고 다 무기를 소지하지는 않는다. 암컷은 벙어리고, 기를 쓰고 우는 것들은 죄 수매미들이다. 수매미들이 여름날 주구장창 발악적으로 울어대는 가장 큰 이유는 생식에의 욕망 때문이다. 암컷을 원한다고, 꼭 만나 몸을 섞고 싶다고, 온 천하가 요동치도록 제 욕망을 표현해대는 저 수컷들을 당당하다고 해야 하나, 뻔뻔하다고 해야 하나.

인간 사내라면 틀림없이 잡놈 취급을 받고, 여성단체와 윤리위원회로부터도 고발을 당할 테지만, 암컷 매미들은 오히려 그런 수컷에게 열광한다. 짝짓기의 상대로서, 보다 더 목청이 큰 놈을 원한다. 그러므로 여름내 수매미가 울어대는 배후에는 암매미들이 있고, 그런 암컷들의 능력은 막강하다. 제 말 못하는 결핍을 수컷을 통해 단단히 보상 받는다. 몸집 좋고 기운 센 수컷이 우렁차게 울며, 자손번식의 열망이 강한 놈일수록 더 우렁차게 울 수 있다는 걸 간파하고 짝을 찾아 나서니 또한 영악하다.

지금, 여름의 갈피에서 들려오는, 수세미로 귓속을 닦아대는 듯 한 저 소리는 생을 위협당한 매미의 처절한 비명이거나, 사랑을 호소하는 외로운 매미의 절규다. 아니다. 그것은 인간들의 추측일 뿐, 보름간의 짧은 생을 온몸을 다해 찬미하는 열정의 송가인지 모른다. 삶의 절정에 겨워 숨 가쁜 신음을 토해내며 자지러지는 중인지도 모른다.

그러나 정작, 매미는 귀머거리다. 자신이 내는 그 어떤 소리도 들을 수 없다. 복막으로 소리의 진동만을 감지할 뿐이다. 한 순간이라도 귀가 뚫려 제 목청을 들을 수 있다면 매미, 그는 자신의 엄청난 성량에 놀라 대번에 울음을 뚝! 그칠 것 같다. 소리를 가늠할 수 없기에 더더욱 목이 터져라 울어대는 것인가, 매미여, 여름의 점령군이여!

환절기가 시작된 며칠 후, 매미 소리는 삽시에 끊겼다. 고요해진 세상 어디에서도 매미의 존재는 느껴지지 않았다. 한철 미련 없이 삶을 구가하고는 어느 순간 일제히 지구의 나무 아래로 투신한 것 같았다. 그런 어느 날, 식었던 공기가 다시 따끈하게 달구어진 한낮에 매미 한 마리 벚나무 우듬지에서 세차게 울어댔다. 하지만 아무리 귀를 기울여도 세상천지에서 들려오는 매미 소리라곤 그 하나뿐이었다. 제 종족이 모두 사라진 그때에 세상에 나온 매미는 자신의 신호에 답신을 해줄 누군가를 향해 목이 터져라 조난신호를 울려댔다.

밤의 고속도로

밤의 고속도로.

거기엔 캄캄한 어둠, 그리고 라이트를 켜고 질주하는 자동차뿐이다. 조용히 바닥에 누운 채, 맹렬하게 달리는 자동차들을 말없이 컨트롤하는 흰색의 차선이 하나 더 있긴 하다.

가도 가도 풍경은 그러하다. 속도를 내는 차, 속도를 줄이는 차, 차선을 바꾸는 차, 지선으로 빠지는 차, 어떤 식으로든 차들은 모두 달리고, 달리고, 달린다. 멈추면 끝장이므로 달리고, 달리고, 또 달린다.

고속도로를 달린 지 한 시간째. 사람의 모습은 보이지 않는다. 스쳐가는 차 안에도 사람의 형상은 없다. 검게 썬팅된 유리의 안쪽으로 푸르스름한 불빛만 희미하게 새어나올 뿐, 전력질주

중인 자동차에선 사람의 체온도 감정도 읽히지 않는다.

시속 백 킬로의 속도로 밤의 고속도로를 휘젓는 차들은 축지법을 썼다는 무협소설 속의 무사들 같다. 살아남기 위해 오직 무술을 갈고 닦았던 비정한 검객 같기도 하다. 그래서 앞과 뒤, 그리고 옆에서 무섭게 달리는 차들은 독선적이고 냉혹해 보인다. 자신 이외의 모든 것에 냉담해 보인다. 강하고도 집요해 보인다. 하여, 밤의 고속도로를 흐르는 정조는 비정하다.

밤의 고속도로를 혼자 수많은 복면의 무사들과 겨루며 달리는 기분일 때, 와락 외롭다. 그 외로움이 진해져 더 이상 밤의 고속도로를 견디기 힘들 때, 휴게소를 찾아든다.

휴게소 건물을 밝힌 불빛 아래, 도로를 달려오는 동안 줄곧 그리워했던 남자와 여자와 아이들의 모습이 있다. 나무벤치와 음료자판기와 베고니아 꽃이 활짝 핀 화분도 있다. 지저분하게 더럽혀진 쓰레기통들도 있다. 마치 캄캄한 우주를 유영해 와 사람이 사는 어느 작은 별에 도착한 느낌이다.

나보다 앞서 휴게소에 진입한 진청색 승용차가 오랜 질주 끝에 드디어 정차한다. 운전석 문이 열린다. 그 문으로 나온 것은 헐렁한 티셔츠에 고쟁이 같은 면바지를 입은 중늙은이다. 그의 얼굴에는 지치고 피로한 기색이 역력하다.

그가 뒷문을 열자 그의 모친으로 보이는 주름투성이 할머니가 느린 동작으로 하반신과 상반신을 밖으로 내민다. 그 옆에 막 들어온 랜드로버에서는 가냘픈 몸집의 젊은 여자가 내린다.

당혹스럽다. 자동차에서 분리되어 나온 사람들의 저 연약하고 왜소한 존재감이라니. 허탈하다. 어디에도 캄캄한 고속도로에서 내가 상대했던 복면무사의 포스는 없지 않은가.

할머니는 다리를 절뚝거리며 중늙은이 아들의 뒤를 따라 화장실 쪽으로 걸어간다. 그들의 속도는 달팽이처럼 느리다. 벤치에 앉아 밤바람을 쐬고 있는 사람들의 동작도 마찬가지로 느리다. 음료수와 간식을 천천히 먹고 어디론가 천천히 전화를 건다. 아니다. 그들의 동작은 인간의 일상속도를 유지하고 있다. 줄곧 백 킬로로 달려오느라 그 속도를 몸에서 떨치지 못한 내 눈에 슬로우 모션처럼 보일 뿐이다.

경계의 기색 없이 나른하게 풀린 표정들 위로 오늘 몫의 달빛이 자전의 속도로 흔들린다.

중늙은이와 할머니가 다시 차에 올라탄다. 두 사람을 빨아들인 진청색 승용차가 얼마간 뜸을 들인 뒤에 꽁무니에서 빨간 라이트를 발사한다. 모자는 그것을 신호로 회춘을 시작할 것이다. 고속도로에서 수많은 복면의 무사들과 더불어 싸워도 결코 밀리거나 죽지 않을 파워를 얻을 것이다. 그들은 굳세고 당당하게 공격적으로 앞으로 나아간다.

그들을 따라 차들이 하나 둘 휴게소를 빠져나간다. 고속도로에 진입하기 전에 잠시, 캄캄한 어둠과 질주하는 자동차들의 행렬을 응시한다. 밤의 고속도로를 달리기 시작하면 달팽이 같은 속도의 사람들은 사라지고 자동차만 남을 것이다.

선풍기

매미소리가 뚝 끊겼다. 여름은 끝났다. 연일 바람을 토해내던 선풍기도 며칠 전부터 잠잠하다. 마루에 걸레질을 하다가 문득 선풍기를 바라본다. 고개가 왼쪽으로 삐딱하게 돌아가 있다. 이 여름 가장 마지막으로 향했던 방향으로 이 우직한 기계는 줄곧 고개를 고정시키고 있었나 보다. 푸른 플라스틱 날개와 철망에는 여름으로부터 걸러낸 먼지들이 지나간 계절의 허물처럼 달라붙어 있다. 하루도 쉬지 않고 대기를 퍼 올리느라 날개 세 쪽은 올 여름을 지나면서 한층 더 낡았고 푸른빛도 흐려졌다.

선풍기는 오뉴월 내내 여름을 돌려대었다. 무더운 대기의 저 안쪽, 저만이 아는 여름의 빙고氷庫에서 길어 올린 바람을 열에 들뜬 사람들의 뜨거운 몸뚱이 위로 아낌없이 부어주었다. 강풍을 달라 하면 강풍을 주고, 미풍을 달라 하면 순순히 풍량을 줄여 주었다. 회전을 하라 하면 또 몇 시간이고 고개를 좌우로 돌려댔다. 사람을 가리지도 않았다. 달라는 사람 누구에게나 아낌없이 날개를 돌려 바람을 만들어 주었다. 더위 속에 집안일을 끝내고 기진하여, 땀에 젖은 몸을 선풍기 앞에 부려놓으면 선풍기는 온몸의 열기와 함께 마음속 피로까지도 서늘하게 증발시켰다.

밖에서 돌아온 아이들도 여름날에는 어미보다 선풍기가 먼저였다. 신발을 벗자마자 곧장 선풍기로 달려가 땀이 송송 돋은 이마를 그 앞에 들이대었다. 그럴 때마다 선풍기는 아이들의 보드라운 머리털을 산들대며 귀 뒤로 날려주었다. 땀이 식을 때쯤이면 딸아이는 선풍기 철망에 입을 바짝 붙이고 '아— 아— 아—' 하고 소리를 지르곤 했다. 아이는 제 목소리를 선풍기 날개에 돌려보고 싶었나 보았다. 선풍기는 날개에 와 감기는 모든 것과 마찬가지로, 고 여린 목소리도 한 바퀴 서늘하게 회전시킨 다음, 아이의 귓속에 가만히 넣어주었다.

그런 일들을 다 잊은 것일까. 그런 기억들이 저에겐 부질없는 것이었을까. 수년 전부터 딸아이는 에어컨을 사자고 졸라댄다. 사는 곳의 지대가 높고, 사방이 트여서 여름나기에 시원한 곳이라, 에어컨을 들일 필요가 없다는 주장을 나는 또 변함없이 이 여름내 되풀이했다. 하지만, 아이는 수긍하지 않을 것이다. 우리

아파트 거의 모든 세대에 에어컨 실외기가 설치된 것을 날마다 두 눈으로 뻔히 보고 있으니 말이다.

냉방효과가 탁월하기로 사실 에어컨만 한 것도 없다. 그래서 비싼 전기요금에도 불구하고 일반 가정에서도 요즘은 다들 에어컨을 사용한다. 냉장고나 티비처럼 어느새 에어컨은 꼭 장만해야 할 가전제품의 반열에 올랐다. 공공장소는 더 말할 것도 없다. 사무실, 관공서, 마트, 음식점, 하다못해 버스를 타도 에어컨의 차가운 냉기가 분사된다. 지열이 끓어오르는 거리를 제외하곤 사람이 머무는 이동공간이나 실내에는 에어컨으로 냉각된 공기가 넘실댄다.

온종일 사무실의 쾌적한 온도 속에 머물다 보면 몸에 땀날 일이 없다. 연일 폭염이 계속된다는 보도를 들어도, 뜨거운 기온이 체감되지를 않으니 그것은 한낱 소문에 불과하다. 냉방공간을 벗어난 짧은 시간 동안에만 잠깐 여름과 조우했다가 이내 다시 그것에서 멀어진다. 에어컨은 세상 도처에서 여름을 밀어낸다. 시원한 여름을 보내는 것이 좋기는 하지만, 여름이 왔는데도 여름답지 않은 여름을 나는 것이 마음 한편 켕긴다. 찾아온 손님을 만나주지 않고 요리조리 피해 다니는 그런 기분이 드는 것이다.

무더운 계절엔 그 계절의 성정에 맞춰 사람도 좀 더위를 타야 맞는 게 아닌가 생각된다. 땡볕에 그을린 살갗 위로 굵은 땀방울도 흘리면서, 손부채로 목덜미에서 솟구치는 열기를 날려가면서, 염천이 염천임을 실감하며 지내는 것이 여름을 여름답게 보내는 게 아닐까싶다.

집안에 에어컨 다는 것을 자꾸 미루는 것은, 바깥에서야 어쩔 수 없이 에어컨 바람을 쐰다 하더라도 집에서는 여름을 있는 그대로 느끼고 싶은 마음 때문이다.

선풍기는 여름을 밀어내지 않는다. 여름을 날개 위에 올리고 빙글빙글 돌릴 뿐이다. 에어컨을 틀 때는 문이란 문은 모두 닫고 여름이 집안으로 들어오지 못하도록 차단해야 하지만, 선풍기를 돌릴 때는 문이란 문을 모두 활짝 연다. 여름의 햇살과, 바람과, 공놀이하는 아이들의 땀내 나는 고함소리와, 후끈 달아오른 밤하늘의 시리우스 성좌가, 그 열린 문으로 더운 열기와 함께 흘러들어온다. 선풍기는 그 모든 것을 신나게 돌려 시원한 바람과 함께 내게 내민다. 단지 적막한 냉기 속에 함몰되기 위해서 여름의 문을 닫아걸고 싶지는 않다.

올여름에도 세상의 선풍기들은 도처에서 제 할 일을 충실히 했다. 그 덕택에 사람들의 어깨 너머로 더위에 새들거리던 화초나 강아지들도 틈틈이 시원했을 터이다.

여름이 가버린 자리에 선풍기들만 우두커니 남았다. 거실 마루 한편에 버티고 선 이 하늘색 선풍기는 며칠 전까지 천지간에 뜨거운 여름이 있었음을 증거한다. 전원을 넣어 불편하게 돌아간 선풍기의 고개를 제자리로 돌려준다.

범어사에 커피 마시러 간다

커피가 마시고 싶을 때, 나는 범어사에 간다. 사원 안으로 비스듬히 흘러드는 7세기 신라의 햇살과 툇마루에 나앉은 팔순 노승의 유순한 어깨 같은 겨울 금정산을 종이컵 속에 휘휘 저어 한 모금씩 마시고 싶을 때, 그 마음이 견딜 수 없이 한 입 가득 차오를 때, 나는 우두둑 소리를 내는 일상의 관절들을 짚고 일어나 범어사에 간다.

범어사는 어느 해 여름에 다녀온, 기억도 희미한 내소사나, 그리워하면서도 두 번 다시 가지 못했던 부석사와는 다른 곳이다. 몇 달, 또는 일이 년에 한 번씩 불규칙한 궤도를 그리며 다가갔다가, 또 다시 멀어지기를 반복하는 일을 마흔 해 동안 꾸준히 계속해 온 곳이다. 지하철을 타고 쉽게 갈 수 있는 곳이긴

하다. 그러나, 같은 도시 안의 어느 장소도 그런 꾸준함으로 찾아간 곳은 없다. 신자도 납자도 아니건만, 나는 어떤 인력에 의해 범어사와 연결되어 있는 것처럼 그렇게 무의식적으로 그 곳을 맴돌았음을 깨닫는다.

지하철역 입구에서 범어사행 90번 버스종점으로 올라가는 길목은 긴 세월에 부대꼈어도 별로 달라진 게 없는 것 같다. 오래된 상점이 헐려 새 건물이 들어서고, 상가의 간판도 이따금씩 바뀌고는 있지만 이 길목이 유지해온 정조는 묘하게도 줄곧 그대로이다. 오래 살다 떠나온 동네를 다시 찾은 것처럼 푸근함을 느끼는 이 길을 걷다보면, 맥없이 늘어져 있던 마음의 촉수들이 일제히 곧추서서 환호를 지르는 듯하다.

90번 버스를 탄다. 운전대 위에 펼쳐놓은 신문을 읽고 있는 기사의 모습이 한낮의 평온과 나란히 균형을 맞추고 있다. 신문을 읽다가도 눈을 들어 승차하는 한 사람, 한 사람에게 정성스레 건네는 그의 인사에서 얼핏 중생을 맞이하는 스님의 곡진함이 느껴진다.

너무도 많이 가 보아서 머릿속으로 세세한 풍경을 다 떠올릴 수 있는 곳임에도 나는 범어사엘 가고 또 간다. 수십 번이나 읽은 책을 다시 읽는 느낌으로 범어사를 거니는 것이다.

재색 승복을 걸치고 계곡에 엎드린 바위들은 언제나처럼 참선 중이고, 법당에서 목탁소리 들리면, 기다렸다는 듯 숲 속의 딱따구리는 서어나무 한 그루 통째로 두드릴 것이고, 오후 한 시,

법당 처마 밑으로 숨어든 그늘은 햇살 내리쬐는 절 마당을 새하얗게 오려낼 것이며, 삼층석탑은 어느 방향으로도 번뇌의 그림자를 드리우지 않을 것이다.

내가 가서 만나는 것은 번번이 그런 풍경들이다. 범어사에 고여 있는 그 변함없는 낡고 오래된 풍경들이 나는 좋은 것이다.

하지만 범어사는 가슴 설레며 찾아온 나를, 마흔 해 동안 꾸준히 문안해 온 나를, 언제고 아는 체하지 않는다. 기다렸다는 듯 반기지도 않는다. 문간에 들어서면 앉은 자리에서 한번 돌아보고는 그만인 무덤덤한 떡집 할머니 같다. 내가 뭘 고르건, 얼마나 오래있건 상관하지 않는 보수동 우리글방 주인이나, 신창동 먹통레코드점 사람들 같기도 하다. 내가 불자이거나 말거나, 부처에게 예를 표하거나 말거나, 타박하지도, 덧정을 주지도, 좋은 일이 생겼다고 축하해 주지도, 나쁜 일이 있다고 위로해 주지도 않는 곳. 경계를 두지도, 관계 지음도 없는, 그 끝이 어딘지 모르겠는 금당 부처님의 담담한 시선을 닮아있는 범어사의 대범함 속에 그저 내 존재를 자유로이 풀어 놓을 뿐이다.

보제루로 올라가는 계단의 제일 위층에는 양복차림의 젊은 아버지가 다섯 살배기 딸아이의 손을 잡고 서 있다. 머리를 두 갈래로 땋은 아이는 해바라기 한 송이가 피어있는 고동색 원피스를 입고서 두려움 없는 표정으로 계단 아래를 내려다본다.

그 아이는 가 닿을 수 없는 세월 저편의 어린 나다. 한 장의 사진 속에서 영영 성장을 멈추고 서 있는 다섯 살의 내가 그날 아버지의 손을 잡고 범어사의 어디를 어떻게 다녔는지는 모르겠다. 다만 그날의 나로부터 어쩌면 이 범어사의 기억이 시작되었을 거라는 생각을 해본다.

범어사의 각 장소마다에는 세월과 함께 변해온 내 모습들이 자리하고 있다. 미륵전 앞에는 두터운 털목도리를 한 대학시절의 내가 단짝친구와 함께 앉아있고, 본당 계단에는 그 어떤 신에게라도 매달리고 싶었던 절박한 심경의 내 20대가 천 배를 마친 뒤 절뚝거리며 내려오고 있다. 삼층석탑 앞에 서 있는 신혼 무렵의 내 모습도 보인다. 법고를 지나쳐 요사채로 내려가는 길가, 착한 얼굴을 한 두 아이의 곁에는 어느새 아줌마가 된 한 여인이 나란히 서 있다. 햇살 눈부신 본당 앞마당에 서서 나는 손차양을 한 채, 범어사 곳곳에 점철된, 나만이 읽어낼 수 있는 한 여인의 흔적들을 잔잔한 웃음으로 들여다보며 해독解讀하곤 한다.

일주문 안에서는 보제루 앞마당의 햇볕이 마음에 들고, 그 바깥에서는 음료자판기가 설치된 공터의 햇볕이 가장 아늑하다. 섬세한 인동초무늬의 포석이 깔린 보제루 앞마당의 햇볕은 검은 기와지붕을 타고 내려선지 흰색이 햇빛의 주조색처럼 느껴진다면, 여기 자판기 앞 공터, 넓적한 자연석 위에 쏟아지는 햇볕은 고흐 그림 속의 그것처럼 따스한 노란색이다. 커피 한잔의 온기 때문인지 햇살은 더욱 푸근하다.

인스턴트커피를 좋아했었다. 그것의 달구수하고 부드러운 맛이 좋았다. 피를 탁하게 만드는 것이 늘 마음에 걸렸어도 안 마시기가 힘들었다. 생전에 와인을 너무도 좋아했다는 조안리 여사의 부군, 킬로렌 신부가 인스턴트커피에 대한 내 무절제를 반성하게 만들기 전까지는 그랬다. 그는 와인애호가였지만 일 년이면 한 달 정도는 와인을 마시지 않았다. 와인을 사랑하지만 와인을 지배하는 것은 자신의 의지여야 한다고 생각해서였다. 안 마시기로 작정하면 곧장 그것을 실천할 수 있는 의지, 그 의지의 확인을 위해 집안에 가득한 와인 병을 보면서도 와인을 입에 대지 않았다는 것이다. 많은 어려움이 있었지만 나도 언제부턴가 인스턴트 커피에서 자유로울 수 있게 되었다.

그리나 범어사에 오면 겨울 햇살을 등 가득히 쬐면서 자판기 커피 한 잔 마시는 것을 결코 거르지 않는다. 넓은 경내를 한 바퀴 돌아오느라고 지친 다리를 쉬면서 그것 한 잔을 마시면 마치 범어사를 뜨겁게 훌훌 마시는 느낌이 들어서다.

따끈한 종이컵을 손에 쥐고 등나무 군락지 입구의 목교木橋위에 선다. 간밤의 추위에 계곡은 여기저기 두텁게 얼어있지만 얼음에서 용케 빠져나온 물들은 한숨 돌릴 새도 없이 서둘러 목교 아래로 흘러간다. 어느 아침, 범어사 경내를 산책하던 동산스님은 댓잎파리가 바람에 스치는 소리에 화두가 깨졌다는데, 저

두터운 얼음장을 뚫고 흘러내리는 물 또한 자신을 가두고 있던 화두를 깨친 것만 같다. 오목눈이의 발을 씻긴 물방울들이 금강경을 외우며 거침없이 계곡으로 흘러간다.

범어사는 찾아갈 고향도, 스며들 뜨락도 없는 내 곤궁한 도시의 삶에 다시없는 휴식처다. 고요와 평온과 숲과 그리고 상처 없는 완벽한 추억의 순간들이 허공의 벽돌 사이에 접혀있는 곳이다. 앞으로 얼마나 더 많이 이곳을 찾게 될까. 매번 어떤 모습으로, 어떤 삶을 바랑에 지고서 여기에 당도하게 될까.

마음이 일상의 하중을 견디지 못해
절망과 희망이 맞닿은 부분이 여러 날 헐겁다가
기어이 못 몇 개 빠진 날
삐거덕거리며
범어사에 못 찾으러 간다.
범어사에는 못이 많다
못이 없어도 빈틈없이 맞물린 사원의 낡은 고요
못 박지 않아도 결코 흩어지지 않는
구름의 용마루 넘어오는 바람 속에서
못 하나씩 부리에 문 새들 날아와
금 가고 기울어진 마음의 창틀에 앉는다
오목눈이 날개를 펴
고단한 삶의 기울기를 재본다
제 속에 못 칠 일 없는 범어사의 풍경 속에는
쓸모없어 굴러다니는 못이 참 많다

나무 밑동마다 수북이 못이다
노을을 밟아 허공의 종루에 오른 비구승
동종을 들어
틈이 벌어진 내 마음에 펄펄 끓는 못 하나 박는다
다시 하나를 박고
쉽사리 빠지지 않도록 또 한 번 공들여 박는다

— 졸시, <범어사에는 못이 많다>

한 모금 남은 커피를 마저 삼키면, 늘 그랬듯 집으로 가야 한다. 하지만 저 일주문 안으로 다시 들어가고 싶다는 생각이 왈칵 솟구친다. 금방 보고 온 범어사의 풍경들이 뛰어와 자꾸만 내 등에 업힌다. 그러나 나는 보드랍고 따스한 그것들을 기어이 내려놓는다. 그렇지 않으면 다음번에 내가 범어사의 등에 업힐 수 없음을 알기 때문이다. 집으로 돌아가면 오늘 보았던 범어사는 잊을 것이다. 그리고 내 안에 범어사를 향한 새로운 그리움이 차오르도록 기다릴 것이다.

포대기

한껏 숙인 등 위에 아기를 올려놓는다. 엄마가 무엇을 하려는지 아는 아기는 등에 착 달라붙는다. 기분이 좋은 나머지 팔다리를 바동거리기도 한다. 직사각의 큼직한 포대기 한쪽을 오른손으로 잡고서 반대쪽을 아기의 등 위로 휙 돌린 다음, 자락을 잘 여민다. 기다란 띠 두 개를 잡아서 힘껏 당겨 아기의 엉덩이 밑에서 교차시킨다. 그런 다음, 등을 펴면서 손에 쥔 띠를 배 앞에 오도록 하여 단단히 묶어준다.

온몸이 포대기에 폭 싸인 아기는 얼굴만 빠끔 내밀고 가만히 있다. 방금 전까지 앙칼지게 울거나 투정을 부렸더라도 이때쯤이면 대부분 순한 아기가 되어있다.

아기들은 업히는 것을 좋아한다. 따뜻하고 반듯한 등에 온몸을 밀착시킬 때의 감촉도 좋지만, 엄마 등에 업히면 방바닥에 달라붙어 있던 세상도 함께 벌떡 일어서는 것만 같다. 순식간에 다른 각도로 재구성된 세상의 풍경은 엄마의 보행과 더불어 움직이기 시작한다. 멀고 희미하던 사물들이 줌인 된다. 정지되어 있던 것들이 빠르게 다가왔다가 등 뒤로 사라진다. 변화된 세계를 이해하기 위해 아기는 바쁘게 눈알을 굴린다. 조금 전까지 자기를 불만스럽게 하던 식은 젖병 따위는 이미 잊었다.

내가 아이들을 키우기 시작했던 20년 전에는 큼직한 포대기로 아기를 싸 업고 외출하는 엄마들의 모습을 흔히 볼 수 있었다. 그 당시에도 아기띠나 처네가 있었지만 포대기를 고수하는 엄마들이 훨씬 많았다. 포대기 차림으로 백화점에 가서 쇼핑을 하기도 했고, 친구를 만나러 커피숍에도 갔고, 버스를 타고 다른 도시를 방문하기도 했다.

포대기로 아기를 업고 다니는 것은 힘든 일이었다. 포대기는 아무리 단단히 매어도 아기를 원래 위치에 고정시켜주지 못했다. 자꾸 처져 내리는 아기의 엉덩이를 받치느라 엄마의 두 손은 늘 구속당했다. 등에 있어야 할 아기가 허리께로 내려오도록 포대기 여밈이 느슨해지면 그때마다 풀어서 다시 매는데, 그럴 때 더러운 바닥에 질질 끌리는 끈과 자락은 신경을 거슬리게 했다.

버스 타는 일도 고역이었다. 먼 거리를 갈 때는 포대기를 풀어 아이를 가슴에 안아야 편하다. 하지만 내릴 때가 되면 한참이

들어 고개도 못 가누는 아기를 다시 업는 일이 만만찮았다. 흔들리는 차 안에 버티고 선 채로 포대기로 아기 업기의 과정을 차례로 해내는 것은 상당한 근력과 균형감을 요구했다. 때로, 옆자리 아주머니가 도와주기도 하지만 그런 상황에 단련이 된 엄마들은 혼자서도 능숙하게 아기를 잘 업었다. 그 당시는 사람들이 많은 장소에서도 가슴 한쪽을 꺼내 아기에게 물리는 것을 창피해하지 않던 씩씩한 엄마들이 건재하던 시절이었다.

그런 시절이었으나, 나는 아기를 데리고 외출할 때 좀처럼 포대기를 사용하지 않았다. 포대기의 사용이 불편해서라기보다, 포대기로 아기를 들쳐 업은 내 모습이 촌스럽게 느껴졌기 때문이다. 볼품없는 모습으로 번화한 거리를 걸어가기가 싫었다. 그런 내 고민을 해결해주기에 아기띠는 맞춤한 물건이었다.

아기띠는 아기를 업지 않고 매게 해주는 도구다. 포대기는 엄마가 아기를 잘 업을 수 있도록 둘의 몸을 한껏 밀착시켜주는 기능을 하지만 아기띠는 밀착과는 상관없이 엄마의 어깨 힘으로 아기를 매도록 고안되었다. 포대기의 불편함이 제거된 아기띠는 여러모로 편리했다. 아무리 오래 매고 있어도 아기는 처음 위치에 고정됐기에 두 손을 자유롭게 쓸 수 있었다. 몸에서 내린 아기를 다시 매는 것도 수월했다. 부피가 작아 거추장스럽지도 않았다. 가슴 쪽에 아기를 매면 아기의 행동을 관찰할 수 있는 점도 좋았다. 그러나 다른 뭣보다도 아기를 맨 엄마의 모습이 세련돼 보이는 게 가장 좋았다.

그렇게 장점이 많은 아기띠지만 이상하게 집에서는 잘 쓰이지 않았다. 아기 체중 때문에 자꾸 흘러내리더라도 꼭 포대기만 찾게 되었다. 외출복을 벗고 얇고 헐렁한 실내복으로 갈아입은 아기와 나는 포대기 속에서 다시 만나곤 했다. 집에서 아기띠를 하는 건 마치 집 안에서 구두를 신고 핸드백을 들고 돌아다니는 것처럼 어색했다.

세월이 흘러 옹알이를 해대던 두 아기는 다 자랐다. 아기들을 돌보는 데 사용했던 진회색 아기띠와 두툼한 금색 누비포대기도 없어진 지 오래다. 나의 양육기가 끝나자, 포대기로 아기를 업은 엄마들의 모습도 거짓말처럼 거리에서 사라졌다. 동네의 마트나 은행에서 만나는 젊은 엄마들은 하나같이 아기띠 차림이다.

내가 그랬던 것처럼 이제는 엄마들도 편하고 쉬운 것, 그리고 세련된 것을 원했다. 거추장스럽거나, 일처리에 많은 시간이 소요되거나, 과도한 체력을 요하는 것은 배척했나. 요즘은 누구도 불편한 것을 참거나 견디지 않는다. 공장은 사람들이 필요로 하는 것들을 연달아 상품으로 만들어 낸다. 개선을 거듭해 생산된 첨단기능의 물건들이 눈앞에 잔뜩 늘린 이 시대에, 거리에서 포대기가 사라지는 것은 당연한 일일 것이다. 그러나, 아기띠만 눈에 띄는 도심의 한가운데서 나는 지금 거꾸로, 포대기가 그립다.

지난날 내가 외출 중에 아기를 더 잘 보살피기 위해서 아기띠를 사용했다면 포대기에 대한 아쉬움은 없을지 모른다. 그러나 그저 엄마인 나만을 위한 이기적인 마음으로 아기띠를 고집했었기에 그것에 대한 회한을 떨칠 수 없다. 부끄럽지만, 아기띠의 뚫린 구멍 속에 다리를 넣고, 등판 패드에 몸을 의지한 채 매달려야 했던 아기의 마음에 대해서는 한 번도 헤아려 보지 않았다.

어린것들에게 아기띠는 어떤 물건이었을까? 어쩌면 아무 불만 없이 그것에 적응했을지도 모르지만, 아기띠를 하느라고 포대기가 주는 미덕을 실컷 누리게 하지 못한 것 같아 그것에 자꾸 마음이 쓰인다.

겨울날, 아기띠에 앉히기 위해선 아기에게 여러 겹의 옷을 입혀야 했다. 제 조그만 몸뚱이의 체온만으로 냉기를 견디게 하기 위해, 엄마의 체온으로부터 떼어놓기 위해, 덕지덕지 옷을 입혔다. 그런 모양의 아기는 엄마와 함께 있었어도, 정작 엄마에게서 분리되어 있었다.

지금 와서 생각하면 포대기는 단순히 보온의 기능만 가졌던 게 아니었다. 거북이의 등껍질처럼, 외부세계로부터 아기를 감싸주는 심리적 보호막의 역할도 했던 것 같다. 포대기를 벗겨버린 아기에게는 그게 없었다. 어지러운 도심의 복판에서 팔 다리를 늘어뜨린 채 어쩌면 많이 불안하고 외로웠을 아기. 그 아기를 다시 한 번 제대로 업어주고 싶다.

만약 아기를 키웠던 오래전의 겨울로 돌아간다면, 아기의 손이 포대기 밖으로 나오지 않도록 단단히 여미고서 번화가 대로변도 결코 마다않고 활보할 것이다. 아기에 대한 엄마의 깊은 모성을 느끼게 하는 것은 아기띠가 아니라 촌스럽고 후줄근한 누비 포대기라는 것을, 아기와 엄마를 위한 차림으로 포대기만큼 푸근한 아름다움을 풍기는 것은 없다는 걸 어리석게도 나는 지금에서야 깨닫고 있다.

착착 접어놓은 포대기를 펼쳐 아기를 업는다. 등에 업힌 아기는 신이 나서 포대기 속에서 엉덩이를 들썩인다. 그 바람에 포대기가 느슨해진다. 아기를 추어올린다. 등에다 이리저리 볼을 비비던 아기는 쉴 새 없이 흐르는 입가의 침을 엄마의 등짝에 흥건하게 묻혀놓는다. 그러다가 솜털이 보송한 조그만 머리통을 포대기 밖으로 젖히고 단잠에 빠져든다. 등으로 전해오는 아기의 젖내와 말랑한 맨살의 느낌을 되살리면서 나는 예전의 추억 속으로 행복한 외출을 한다.

당리역

늦은 밤. 기력이 소진된 몸 안에는 집으로 가야겠다는 욕구 하나만 팽팽히 살아난다. 가게 문을 닫은 뒤, 지친 몸 위로 찐득하게 달라붙는 네온 불빛들을 뜯어내며 서둘러 지하철역으로 향한다.

지상에서 바로 탈 수 있는 버스노선이 많은데도, 매번 한참을 더 걷는 수고를 무릅쓰고 지하로 내려온다. 번화한 지상과는 달리 지하공간은 단순하다.

수송만을 위한 열차와 어딘가로 수송되어지기 위한 욕구 하나만 가진 사람들이 모여드는 공간. 그 공간에는 하루 종일 열차가 들어오고, 열차가 지나간다. 그리고 사람들은 열차를 타고, 열차에서 내린다. 그것뿐이다. 동일한 동작과 행위만이 반복되는, 괘선지 같은 공간의 단순함이 나를 거기로 이끈다.

80여 개의 계단을 밟고 내려와 지하철역으로 이어지는 어둑신한 직선의 통로를 걷노라면, 부챗살처럼 갈라졌던 마음이 비로소 하나로 모아진다. 저마다 다른 것을 요구하는 사람들과 각종 청구서와 영수증 뭉치로부터 놓여나 원래의 자신으로 복귀하는 것을 느낀다. 마디를 조이던 나사들이 헐겁게 풀린 듯 몸이 이완된다.

아침 출근시간에도 지하공간을 찾는다. 승강장으로 내려가면 버릇처럼 가판대 위의 각종신문들을 쓱 훑어보고, 열차를 기다리는 동안 가판점 외벽에 부착된 그 달의 잡지광고 포스터를 들여다보곤 했다. 지하철 당리역 구간에는 지하세계의 질서에서 슬쩍 벗어난 노인이 있다. 가판점 주인이 바로 그다.

언제나 초록색 등산조끼를 입고 있는 노인은 다리를 약간 절었고 좀 예민했다. 사지도 않으면서 신문 귀퉁이를 뒤적이며 헤드라인을 읽는 사람에겐 벌컥 화를 냈다. 대부분의 시간, 그는 가판점 안에 오도카니 앉아있거나, 앉은 채로 고개만 기울인 채 선잠을 자곤 했다. 이따금 그곳에서 나와 가벼운 몸 풀기 체조를 할 때도 있었다. 그럴 때의 노인은 껍질을 벗어버린 민달팽이처럼 보였다. 신문을 사는 사람은 별로 없었다. 3년 동안 나도 신문 두어 부와 잡지 서너 권 산 게 전부였다.

어느 날 오전엔 출근시간에 20분 정도 여유가 있었다. 서둘러 열차를 타려던 마음을 접고, 가판점 부근 벤치에 앉아 열독 중이던 책을 꺼내 좀 더 읽고 가기로 했다.

의외로, 승강장에서의 책읽기는 힘들었다. 날카롭게 울리는 열차의 진입신호음과 안내방송이 몇 분마다 되풀이 되고, 잇달아 레일을 달리는 열차의 굉음이 들이닥쳤다. 귓속으로 몰려드는 소음 때문에 신경이 거슬려서 도저히 책 내용에 몰입이 되지 않았다. 곧장 열차를 타고 떠나던 짧은 시간 동안엔 느끼지 못했지만 승강장은 엄청난 소음의 세계였다. 열차가 오면 바로 타고 떠나야 하는 지하역의 질서를 따르지 않는 사람에게 그곳은 고통스런 공간이었다.

가판대 앞에서 허리 펴기 체조동작을 하는 노인이 보였다. 주름진 노인의 얼굴을 보면서 비로소 지하 가판점에서 온종일을 보내는 노인의 고충을 이해할 것 같았다.

판매가 신통찮아선지, 좁은 공간에서 옴츠린 채 소음을 견디며 지내는 일에 진력이 난 건지, 한 달 전쯤부터 노인은 승강장에 모습을 나타내지 않았다. 승강장으로 내려갈 때마다 가판점의 창문엔 커튼이 드리워지고 쪽문은 굳게 잠겨 있었다.

가판점이 폐쇄되고 환한 형광불빛 아래 놓였던 신문과 잡지들이 사라지자, 기나긴 승강장 전체가 전원이 꺼진 텔레비전 화면처럼 먹먹했다. 그리고 스산했다. 지하철의 열린 문으로 발을 옮길 때도 등 언저리가 허전한 느낌이 들었다. 열차좌석의 가장자리에 털썩 주저앉아 창밖으로 조금씩 멀어져가는 가판점을 바라보다가 문득 깨닫게 되었다.

잘 팔리지 않는 신문 사이에서 선잠 자던 노인을 품고 있던 가판점. 그 작은 가판점이 그동안 어둑신한 지하공간을 푸근한 훈김으로 덥혀왔다는 것을 말이다. 다리를 약간 절고, 키가 자그마하며 성마르던 그 노인. 노인은 늘 그 자리에 머물면서 승강장에 내려온 모든 사람들이 어디론가 떠나는 뒷모습을 말없이 지켜봐주는 사람이었다는 것을.

물론 노인이야 자신이 누군가를 맞고 배웅했다는 생각을 못하겠지만, 나로서는 노인을 그 자리에 귀환의 표식처럼 남겨두고 떠난다는 사실에 그동안 어떤 위안을 받아왔던 게 분명하다. 그렇기에 자물쇠가 걸린 가판점을 볼 때마다 수확 철이 지난 옥수수밭처럼 가슴속이 황량해지는 것이 아닐까.

생각해 보면, 모두가 떠나는 그 자리에서 떠나가는 뒷모습들을 바라보며 온종일 혼자 남겨진다는 것은 지독히도 고독한 일이었을 것 같다. 떠나는 열차와, 열차 안 사람들의 무언가 기대에 친 눈빛을 퀭한 눈으로 훑으며, 지나간 추억이나 담뱃잎처럼 씹어대는 일상에서 노인도 늘 그들 속에 섞여 열차에 몸을 싣고 어디론가 떠나고 싶은 욕망에 시달렸을지 모른다. 그리고 지금. 어쨌거나 결국 승강장의 다른 사람들처럼 그 역시 떠나버렸다.

노인은 어쩌면 다시 돌아오지 않을 것이다. 옹색하고 고독한 그 자리에 그를 다시 불러들인다는 건 가혹한 일이지만, 그러나 당리역 승강장 계단을 내려갈 때마다 오늘은 가판점의 문이 활짝 열려 있었으면, 낯익은 초록색 등산조끼를 다시 볼 수 있었으면 하는 이기적인 기대를 가지곤 한다.

2

언제 노인이 되는가

너무도 가벼운 화분

길 건너 새로 개업한 음식점 '불몽'의 쇼윈도 앞에 크고 작은 화분들이 늘어서 있다. 가장자리가 금박으로 장식된 색색의 큼직한 리본을 가슴팍에 단 그것들은 더없이 푸르고 싱싱하다. 당연한 일이다. 리본 자락에 자기 이름을 올린, 저 음식점 주인의 지인들은 화원에서 가장 싱그럽게 잘 자란 산세베리아와 파키라와 금전수를 골랐을 테니까.

보랏빛 꽃을 피운 호접란이나 우아한 녹색 잎사귀의 파키라 화분들 때문에 그렇잖아도 세련되게 단장된 '불몽'은 운치를 더한다. 손님이 얼마 없을 때도 건강한 식물의 에너지가 덩굴처럼 번져간 실내는 활기차 보인다.

어느 곳이건 개업집의 화분들은 뾰족구두에다 잘 다린 유니

폼을 입고 미소 띤 얼굴로 서 있는 행사장의 도우미들 같다. 그들이 행사장 곳곳에 손을 모으고 반듯하게 서 있으면 공간의 분위기는 안정되고 격조가 느껴진다.

그러나 행사가 끝나면 도우미들이 사라지듯이 새로 바른 페인트 냄새가 마르고, 축하인사를 건네러 오는 지인들의 발길도 끊겼을 무렵, 개업집 앞에 자리한 저 화분들에 둘러진 리본도 떼어진다. 그때부터일 것이다. 선연한 초록으로 물이 올랐던 화초들의 빛이 조금씩, 조금씩 흐려지기 시작하는 것은.

내가 일하는 건물의 5층 이벤트기획사 앞에 놓인 아레카야자도 그랬다.

기획사가 오픈하는 날 들어온 아레카야자는 내 키보다 조금 더 컸고 부챗살처럼 펼친 잎새들의 푸르름은 농밀했다. 화초의 밑동에는 축하화분답게 분홍색 망사 레이스가 풍성하게 둘러졌고 '무궁한 발전을 기원합니다'라고 적힌 리본이 달려 있었다.

화분이 놓인 자리는, 그러니까 기획사의 출구는 복도 끝 화장실 입구 부근이었다. 어둑신하고 무겁던 그 구석진 공간에 초록색 등불이 하나 새로 켜진 듯했다.

화장실에 갈 때마다 화분을 만났다. 멋스러운 이파리의 식물이 내 눈을 호사시켜줘서 즐겁긴 했지만, 마음 한편이 늘 아렸다. 그 화분에 닥칠 미래를 생각하면 유쾌할 수가 없었던 것이다. 축하화분으로 간택되어온 개업집의 화분들이 어떻게 쇠락해져 갔는지를 수없이 보아온 나로서는 햇살도 바람도 없는 삭막한 환경에서 아레카야자가 버텨낼 수 있을지 걱정스러웠다. 기획사 직원들이 물이라도 잘 주면 좋겠지만 왠지 그러지 못할 것 같았다.

우려는 몇 달이 지나자 점차 현실이 되었다. 아레카야자의 푸른 이파리들 사이에서 누렇게 마른 잎이 보이기 시작하더니 시간이 흐를수록 시든 잎들이 많아져 갔다. 물을 제대로 안 줘서 그런가 싶어 기획사 직원들이 퇴근한 시각에 물을 흠뻑 부어준 적이 있다.

그 뒤에도 아레카야자는 자꾸 말라갔다. 화초가 시드는 이유는 물 말고도 다른 여러 원인들이 있을 테지만 사정을 알기는 어려웠다. 다만 확실한 것은 이런 빌딩과 같은 상업공간이 화초들이 생장하기엔 열악한 장소라는 것과 개업축하의 명분으로 화분을 선물하는 것이 식물에겐 불행이라는 사실이었다.

화초에 대한 관심이나 기본 상식이 없는 사람에게 선물이라고 화분을 주는 것은 햄스터를 좋아하지 않는 사람에게 무작정 그걸 안기는 것과 마찬가지다. 자신이 좋아하지 않는 대상에게는 소홀해지기 마련이라 화초에게 수돗물 한 바가지 주는 것조차 까먹기 일쑤인 것이다.

식물을 고통스럽게 만들어도 사람들은 별 죄책감을 느끼지 않는다. 생명체가 분명한데도 무생물처럼 대할 때가 많다. 고통스러운 상황에서도 비명 지르는 법 없이 화초들은 늘 묵묵하기 때문일까. 의지할 거라곤 제 뿌리를 감싸고 있는 한 덩이의 흙과 주인의 관심뿐인 화초를 데려와서는 아무렇게나 방치해둔다.

시들어 죽은 화초를 발견해도 그저 잘못해서 깨진 사발 하나 바라보는 것처럼 별다른 상심을 일으키지 않는다. 화분에서 파내어 어느 공터 귀퉁이에 던져버리면 그만인 것. 속이 텅 비어버린 화분을 보아도, 한때 그 속에 자라던 푸른 것이 그리워 눈물짓는 일은 없다. 화분의 화초는 철저하게 소모품이다.

이즈음에 이르러서 아레카야자는 장티푸스를 앓고 있는 환자 같은 몰골이 되었다. 사람으로 치면 연일 고열에 시달리는 중이다. 아니, 어쩌면 이미 생을 돌이키기 어려운 지경에 처했는지 모른다. 그런 지경인데도 아레카야자는 처음 올 때 둘렀던 분홍색 망사레이스를 밑동에 계속 두르고 있다. 세상의 어느 화초보다 푸르고 싱그럽던 날, 저를 화려하게 해주던 그 레이스가 이제는 모욕일 따름이다.

이벤트 기획사는 주말이 아닌 날에도 가끔씩 불이 꺼지더니 며칠씩 영업하지 않는 날들이 늘어났다. 오늘도 기획사 사무실 유리벽 안쪽은 캄캄하다. 아무도 드나들지 않는 사무실 출입문 옆에 누렇게 시든 아레카야자 화분이 혼자 적막하게 서 있다.

은해사

은해사 일주문 뒤로 가파른 계단이 치솟아 있다. 길든 짧든 절마다 거느리고 있는 진입로가 은해사에는 없다. 계단만 있다. 일주문 앞 주차장에 차를 대고 천천히 계단을 오른다.

사천왕문을 지나 오른쪽으로 휘어 오르게 되어 있는 계단은, 반드시 한 번은 멈춰 서서 호흡을 가다듬어야 할 것같이 높다. 화강석으로 만든 계단은 소박하다. 오르고 내리는 기능에 치중했을 뿐 그것을 가다듬고 치장하여 절의 위엄을 더해 보고자 하는 기색이 없다. 계단석 틈새에 드문드문 잡초가 돋아 있고, 평평한 돌바닥 위를 시커먼 왕개미들이 분주하게 오간다.

사천왕문 뒤엔 눈알을 부라리는 근육질의 사천왕이 없다. 철거했는지 그것이 서 있었음 직한 자리 두 군데가 텅 비어 있다.

바닥은 시멘트가 깨부숴진 채다.

계단을 다 오를 때쯤, 은해사 본당 전경을 유추해 본다. 기장 장안사나 언양 석남사와 비슷한 구조의 절이 아닐까 추측하며, 이제 만나게 될 기품 어린 대웅전 앞마당의 모습에 살짝 설렌다.

예상은 확실하게 빗나간다. 잘 조경된 마당 대신 기다렸다는 듯 달려든 것은 뜬금없게도 배추밭과 고추밭이다. 반찬거리나 뽑아먹으려고 만든 시골집 울 앞 빈터의 작은 밭이 거기 있다. 대웅전으로 가려면 그 밭 사이를 지나야 한다.

사천왕문과 대웅전 중간에 느닷없이 버티고 있는 밭이 당혹스럽다. 그러나 벌레에게 갉혀 먹힌 곰보자국 배추들과 자잘한 초록 잎사귀를 매단 고춧대는 내 당황한 기색에도 아랑곳없이 천연스럽다. 무심한 듯 태연자약하게 부처님 전 가는 길의 좌우에 늘어선 그것들이 저 계단 아래에 사라진 두 사천왕의 역할을 대신하는 것처럼 여겨지는 건 왜일까.

푸성귀 밭 앞에는 무슨 건물인가를 헐어내어 주춧돌만 남은 빈 터가 있다. 새 불전을 짓느라 바쁜 다른 절들과 달리, 있는 건축물들을 철거해 빈 공간을 만들고 있는 은해사는 시절을 역행하고 있다.

산골의 암자도 아니고 큰 도시의 유명사찰이 살림이 곤궁해 규모를 줄일 리는 없다. 헐어낸 자리에 더 크고 멋진 건물을 올릴 기미도 없어 보인다. 그 앞의 창고 같은 건물 또한, 헐지 않고 남겨둔 것이 의아할 만큼 더께가 앉고 허름하다. 건물을 밀어낸 빈자리는 밭에서 따온 작물들의 차지다. 그것들은 돗자리 위에서 6월의 미지근한 햇살을 쬐며, 급할 것 없이 세월아 네월아 몸뚱이를 말리고 있다.

드디어 대웅전 앞마당에 당도한다. 은해사는 여기서도 엉뚱한 포즈를 취한다. 어느 절이나 마당 한편에 필수품처럼 세워놓는 삼층탑이 안 보인다. 대신, 대웅전 축담 아래에 등신대의 돌부처 여섯 분이 각기 다양한 자세로 늘어서 있다. 돌부처만 빼면 마당은 장식이라곤 없이 수더분하다. 대웅전의 외양도 마찬가지다. 욕심 부린 데가 없다. 그래서 축담 위에 막 피기 시작한 연한 하늘색 불두화 꽃송이들이 이 절에서는 유난히 도드라진다. 그것들은 웃음 띤 돌부처의 머리 뒤에 마치 후광처럼 송이송이 드리워져 있다. 풍상을 겪으며 해를 묵은 석불과, 올여름 처음 피는 꽃송이의 조합이 만들어내는 풍경에서 예사롭지 않은 품격이 느껴진다.

삶에서 가끔 마주치는 이런 특별한 느낌, 비범한 순간이 좋다. 사는 일의 진실을 일깨우는 한 줄의 문장을 읽을 때, 비에 젖은 한적한 밤거리 정류장에서 지친 몸속으로 흘러드는 이국의 노래를 들을 때, 가진 것 없는 여자의 넘치는 선량함 앞에서 부끄러움을 느낄 때, 세상은 한순간 폭발하듯 섬광을 발하고, 그런 세상에 내가 있다는 사실이 행복하게 느껴진다.

석불 옆으로 난 계단에 한 남자가 앉아 담배를 피우고 있다. 석불에 가려져 모습이 반쯤 드러난 남자는 몸이 깡말랐고,

우울해 보인다. 입고 있는 검은 바지와 흰 셔츠가 빌려 입은 것처럼 헐렁하다. 은해사가 풀어놓은 가장 아름다운 풍경 옆에서 그는 그것과는 아무런 상관이 없다는 듯 우두커니 앉아 있다. 남자는 풍경과 어울리지 않을 뿐 아니라, 불두화나, 석불 역시도 그가 거느리고 있는 견고한 우울 속으로 한 발짝도 들일 수가 없을 것 같다.

그 남자의 반대편으로 걸음을 옮긴다. 축담 위의 대웅전에서는 염불 소리가 들려온다. 염불 소리는 은해사의 다른 것들과 비슷하게 닮아있다. 비구니의 것인지 비구의 것인지 모호한 염불은 수더분하다. 구성지거나 청아하지 않다. 숙연함도 절박함마저도 묻어있지 않다. 봄날 아지랑이처럼, 그냥 그러지 않으면 안 되는 것처럼, 대기 중으로 스멀스멀 피어오른다.

붉은 비단방석에 높이 앉은 부처님을 매번 무슨 연예인처럼 흘끔거린다. 그런 자신을 경박하게 여기지만, 그 마음을 단속하지 못하고 번번이 또 불당 안을 엿보고 만다. 대웅전 안에는 가사 차림의 스님 하나가 등을 보인 채 경을 외고 있다. 그이의 왼편으로 열 명 가량의 일반인들이 무릎을 꿇은 채 엄숙히 앉아 있다. 평상복 차림의 남녀노소가 서로 의지하듯 옹기종기 앉은 것이 일가족인 듯하다. 가족 중 세상 버린 누군가의 천도재를 지내는 모양이다.

아무리 호기심이 넘쳐나도 사랑하는 사람을 잃은 그들의 슬픔을 눈요기 삼을 수는 없다. 얼른 불당 계단을 내려와 돌부처가 있는 곳으로 돌아온다. 수심 가득하던 남자의 모습은 그새 사라지고 없다.

크지 않은 규모라 은해사 구경은 금방 끝이 난다. 요사채 앞에, 어느 폐업한 다방에서 얻어온 것 같은 일인용의 푹신한 의자 세 개가 놓여있다. 그 건너편의 골동품 커피자판기는 고장난 지 오래다. 의자에 앉아 잠시 다리를 쉰다. 올라오면서 만났던 배추들이 보인다.

시퍼런 잎사귀를 사방으로 척척 벌린 배추들은 싱싱하다. 묘하게도 그것들은 방금 보고 온, 어두컴컴한 불당 안 부처님의 존재감을 뛰어넘는다. 그것들은 세상 그 무엇도 먹고사는 문제보다 더 중요하지 않다고 외치는 듯하다. 내가 있고 부처가 있다고 소리치는 듯하다. 문득, 배추가 있는 자리가 세상의 중심처럼 느껴진다.

마당에 마사를 깔고 꽃이 흐드러진 근사한 정원을 만드는 대신, 그 자리에 배추를 심은 스님들의 뜻이 내 생각과는 다를지라도, 그래도 상관없다. 수심에 찬 그 남자가 와서 이 당돌한 배추들을 좀 봤으면, 그래서 시름을 털어내고 배를 잡고 웃었으면 싶다.

사천왕을 뽑아낸 이 절이 마음에 든다. 사천왕도, 화려한 전각도 없기 때문에 이 절이 좋다. 눈을 미혹하는 치장으로 값싼 존경을 얻으려는 사원이 아니어서 좋다. 속인들의 잣대 따위에 신경 쓰지 않는 대범한 절 살림이 좋다. 뽑아낸 사천왕을 절 안 어디 다른 곳에 옮겨 세우지 않았으면 좋겠다. 은해사가 변하지 않고 내가 올 때마다 지금처럼 뜻밖의 농담을 건네주었으면 좋겠다. 세상에는 우리의 부박한 욕망과 영합하지 않는 어수룩한 절 한 채쯤 있어야 하지 않겠나.

아버지는 온다

유괴당한 아이를 아버지가 8년 만에 되찾았다. 사이코패스에게 감금돼 고통의 긴 시간을 보냈던 아이는 아버지를 만났을 때 조심스럽게 물었다.

"한순간도 잊지 않고… 나를 생각했었나요?"

영화 <파괴된 사나이>의 마지막 장면에서 아버지는 소금 알갱이 같은 눈물을 떨어뜨리며 고개를 끄덕였다. 그 아이가 짐승의 시간을 견뎌냈던 건 부모가 자신을 찾아낼 거라는 믿음 때문이었다. 그리고 그 믿음이 틀리지 않았음을 알게 되었다. 앞으로 아이가 마음속 상처들을 치유하고 성장해가는 데, 그 믿음의 확인은 큰 힘으로 작용할 것이었다.

네댓 살 무렵이라고 기억한다. 아버지는 한동안 나를 시골

이모 집에 맡겼다. 그 즈음 엄마가 만삭이었거나, 동생을 해산한 뒤여서 나를 돌보기 힘들었던 것 같다. 어린 나에게는 이모가 가장 가까운 육친이라는 것도, 이모 집의 모든 식구들이 나를 보살피기 위해 애쓴다는 사실도 별다른 의미가 없었다. 거긴 그저 낯선 사람들의 집일 뿐이었고, 게다가 공격적인 눈빛을 한 검은 염소가 도사리고 있는 집이었다. 그런 곳에서 버림받은 느낌 하나에만 강하게 사로잡혀 지냈다. 비가 내리거나, 밤이 되면 다시는 집으로 돌아갈 수 없을 것 같은 절망감이 걷잡을 수 없이 나를 울렸다.

"울지 말거래이, 쪼매만 기다리모 아부지가 니 데릴로 올끼다."

이모는 방성통곡을 하는 나를 달랬지만, 그 말이 내게 안식을 주지는 못했다. 그곳에 있어야 할 상황을 이해하지 못한 상태에서 가족들과 유리된 나는 세상에 혼자 남은 공포감에 날마다 몸서리쳤을 뿐이었다.

어느 날, 커다란 사탕봉지를 들고 거짓말처럼 아버지가 나타났다. 그가 나타나자 세상이 갑자기 환해졌다. 나를 가두고 있던 철창문의 자물쇠가 사라지고, 자취를 감추었던 세상에 단 하나뿐인 길이 또렷하게 되살아났다. 딱지처럼 납작하게 접혔다가 원래의 부피를 회복한 공간에는 색색의 봉숭아꽃들이 싱싱하게 피어 있었다. 아버지를 따라 나서는 길에 바라본 검은 염소는 더 이상 무섭지 않았다.

조금 더 컸을 때였다. 나를 데리고 외출한 아버지는 어느 번잡한 장터에서 크림빵 한 개를 사주었다. 그리고는 장터거리 가운데 나를 세워두고 볼일을 보러갔다.

"내가 올 때까지 여기서 기다리고 있거라."

나는 보도블록 틈새에 돋아난 민들레처럼 그 자리에 붙박여 선 채 아버지를 기다렸다. 커다란 크림빵 한 개를 다 먹었는데도 아버지는 오지 않았다. 아무것도 하지 않고 행인들 사이에 우두커니 서 있기는 무료했지만 혼자라는 것이 걱정스럽거나 두렵지는 않았다. 아버지가 데리러 올 것을 의심치 않았기 때문이다. 그런 걱정보다는, 혹시 아버지가 나를 시험하는지도 모른다는 생각이 들었다. 어딘가에 숨어서 내가 그의 지시를 어기고 함부로 행동하는지, 어쩌는지, 지켜보고 있을 것만 같았다. 그렇지 않고서야 잃어버리기라도 하면 어쩌려고 이런 장터 복판에 어린 딸을 혼자 세워두었으랴 싶었다.

나는 생각 없이 굴다가 길을 잃고 미아가 되는 애들과는 다르다는 것을 증명하기 위해 발가락 하나도 꼼짝하지 않았다. 그리고 긴 기다림의 끝에 별다른 일없이 아버지는 나타났다. 아버지에겐 초조하게 달려온 기색이 없었고, 나에겐 불안하게 기다린 기색이 없었다. 아버지가 나타나서 반가웠던 건, 약속을 지킨 나 자신을 자랑스럽게 보여줄 수 있었던 것과, 무료하게 서 있어야 하는 고통의 시간이 종료된 거였다. 우리는 헤어진 적이 없었던 부녀처럼 손을 맞잡고 남은 길을 서둘러 갔다.

초등학생이 되었을 때, 한 번 더 그런 식으로 아버지를 기다린

적이 있다. 이번에 남겨진 곳은 수화물보관소였다. 그곳 입구에서 기다리라 하고 아버지는 또 어디론가 사라졌다. 전처럼 아버지가 나를 시험한다는 순진한 생각 따위는 하지 않았다. 나를 여기 남겨둔 채, 그가 혼자 가서 해야 할 일이란 게 도대체 무엇인지 궁금할 뿐이었다. 어떻든 길어도 한 시간이면 되겠지, 생각했지만 아무리 기다려도 아버지는 오지 않았다.

장시간 화물박스 위에 혼자 쭈그리고 앉아 있는 여자애를 작업복차림의 근로자들이 흘낏거렸다. 얼추 두 시간 정도가 흘러가고 창고건물 천장 백열전구에 불이 들어오기 시작하자, 나보다도 보관소 직원들이 걱정하기 시작했다. 아버지가 어딜 간 게냐, 언제 온다고 했냐, 질문들을 해댔지만 아무 대답도 해줄 수가 없었다. 경비실에 들어와 편하게 기다리라고 호의를 베푸는 사람도 있었지만 나는 움직이지 않았다.

그들의 연민 어린 눈초리가 서치라이트처럼 훑고 지날 때마다, 누군가가 찾으러 오기를 기다리는 수화물들과 다름없는 내 존재가 초라하게 느껴졌다. 내게로 향하는 눈빛 가운데는 혹시라도 보호자가 안 나타나는 건 아닌가 하는 염려도 섞여있는 듯했다. 나는 그런 걱정보다는 부풀어 오른 방광을 해결하는 게 더 급했다. 그러나 오줌을 싸는 한이 있어도 그 자리를 뜨지는 않았을 것이다. 자리를 비웠다가 혹시라도 아버지와 길이 어긋날까, 그것만이 두려웠다.

더 이상 요의를 억누르기 힘들어 고통스럽게 다리를 꼬아대고 있을 때, 결국 아버지는 왔다. 몇 개의 짐 꾸러미를 들고 나타난 아버지에겐 이번에도 초조하게 달려온 기색이 없었고, 오랜 기다림으로 지쳐있긴 했겠지만 내게도 불안의 기색 같은 건 없었을 것이다. 아버지는 내가 그 자리에 머물러 있을 것을 의심치 않았고, 나는 아버지가 돌아올 것을 믿었기 때문이다.

어딘지도 모르는 곳에 혼자 남겨진 두 번 모두, 아버지가 나타나지 않으면 나는 미아가 될 상황이었다. 그럼에도 겁을 내지 않았던 건, 오래전 염소가 노란 눈깔로 무섭게 노려보던 시골 이모 집으로, 그 막막하던 시간 속으로 아버지가 나를 데리러 와준 기억 때문이었다. 아버지에 대한 나의 믿음은 그때 생겼다. 아버지가 일생동안 내게 준 것 가운데 가장 좋은 것은 바로 그것이었다. 나의 믿음을 한 번도 깨뜨리지 않고, 아버지는 언제나 왔다.

그리워하면 만나게 된다

주방의 라디오에서 흘러나오는 대중가요 가사 한 구절이 귀를 파고들었다. 날마다 똑같이 반복되는 일상의 지겨움을 이빨로 깨물며 거품이 부걱거리는 수세미로 왈각달각 그릇을 닦던 중이었다.

"그리워하면 언젠간 만나게 되는 어느 영화와 같은 일들이 이뤄져가기를…."

순간, 분주하던 손가락의 놀림이 딱 멈췄고, 심장은 무언가에 관통당한 느낌이 들었다. 계속 이어지는 노랫말들을 놓치지 않기 위해 온 신경을 라디오에 집중했다.

노래가 끝났을 때, 내가 서 있는 세상이 왠지 낯설어 보였다. 손에 들고 있는 노란 망사수세미, 물방울을 뚝뚝 떨어뜨리고 있는 포개진 대접들, 발치의 넘칠 듯한 쓰레기통…. 주변의 모든 것이 이전과 똑같았지만 틀림없이 뭔가 달라져버린 세상에서 있는 그런 기분이 들었다.

이승철이 부른 노래 <네버 엔딩스토리>였다. 워낙 방송을 많이 탄 노래라 멜로디는 이미 귀에 익숙해 있었다. 사실, 들을 때마다 멜로디가 아름답다는 생각, 이승철이란 가수 정말 절창이라는 생각을 하곤 했었다. 하지만 거기까지였다. 다시 듣고 싶다거나, 시디를 사고 싶다는 생각이 들만큼의 감동이 북받치지는 않았던 것이다. 그러나 웬만큼 들어서 이젠 식상할 수도 있는 그 노래가 어느 날 오전, 느닷없이, 소스라칠 듯한 아름다움으로 나를 옴짝 못하게 포박하고 말았다. 싱그러운 잎만으로도 충분히 아름다운 아마릴리스에서 불현듯 우아한 자주색 꽃송이가 피어난 걸 목도한 심경이랄까.

그 노래의 가사 속에 그런 구절이 있는 줄을 그날 처음 알았다. 유행하는 대중가요를 나는 주로 라디오를 통해서 접한다. 일부러 찾아 듣기보다, 버스 안이나 도심의 로드숍에서 틀어놓은 노래를 다른 일을 하는 와중에 건성으로 듣곤 했다. 그 때문에 가사전달이 제대로 되지 않는 경우가 많았다.

아무튼, 머리말에 달려있는 라디오 덕분에, 또 아무 생각 없이 기계적으로 손가락만 놀리고 있었던 덕분에 그날은 노래 가사가 선명하게 내 귀에 와 닿았고, 한 줄의 가사가 주는 예사롭지 않은 아름다움에 흠뻑 취할 수 있었다.

그때까지, 대중가요의 노랫말은 가볍고 통속적이라는 편견을 가지고 있었다. 가수가 무슨 단어를 발음하는지 모호해도 굳이 알려고 들지 않았던 것은 노랫말의 단어나 구절들이란 굳이 새겨서 들어야 할 만큼 의미로운 것이 아니라는 생각 때문이었다. 그런데 그게 단숨에 무너졌다.

"그리워하면 언젠간 만나게 되는 어느 영화와 같은 일들이 이뤄져가기를…."

정지버튼이 고장 난 카세트 같은 몸 안에서 이 한 구절은 무한 반복으로 재생되었다.

그리움은 날 선 칼처럼 예리하다. 그것은 품을수록 제 가슴을 깊이 베지만 어쩌면 찾아올지도 모를, 아니 그러리라고 믿는 삶의 경이로운 어느 순간을 기다리기에 그 지독하게 고독한 감정을 껴안고만 있을 뿐, 함부로 내려놓지 못한다. 그런 바보 같은 이의 순정한 마음이 내 어깨를 치고 간다. 낮잠에서 깨어난 한낮, 길 아래 학교에서 울려오던 아련한 차임벨처럼.

넋두리를 늘어놓거나 호들갑스럽지 않아서 좋다. 간절한 그리움의 깊이가 느껴지는 문장을 한번 쓰윽 읽는 것만으로도 가슴이 뻐근해지는데, 이 가사를 절창의 가수가 혼신을 다해 연주하는 것을 들으면 이따금 우리에게 축복처럼 주어지는 삶에의 감동에 가슴이 그만 미어진다. 그리고 그 감동을 거듭 확인하고 싶어진다.

이승철이 노래한 것처럼 내 기억 속 영화의 주인공들은 분명 그랬다. 그리움을 간직한 채 헤어져 살아가던 연인들은 뜻하지 않은 시간, 뜻하지 않은 장소에서 꼭 한번은 다시 만났다. 작위적인 것 같지만 그런 만남이 억지스럽지 않은 건, 누군가를 향한 그리움 속에는 그리움의 대상을 끌어당기거나, 그에게 가닿으려는 자성이 강하게 깃들어 있음을 통감하기 때문이다.

그리워하면 필연적으로 만나게 되는 그런 연인들의 모습을 극명하게 보여준 영화가 있다. 장만옥과 여명이 주연한 <첨밀밀>이 바로 그것.

서로의 소식을 모른 채 각자 홍콩을 떠나 뉴욕에서 새 삶을 살아가던 이교와 여소군. 사랑했으나 이별해야 했던 두 사람. 그들은 긴 세월이 흐른 후의 어느 날, 뉴욕거리의 한 전자대리점 앞에서 거짓말처럼 조우한다. 서로의 추억 속에 특별하게 자리한 가수 등려군이 사망한 날이었다. 이국의 TV수상기에서 흘러나오는 그녀의 사망소식과 추모곡에 이끌려, 길 가던 두 사람이 차례로 한자리에 걸음을 멈춘 것이다.

이교는 알고 있었을까. 그리워하면 만나게 된다는 걸. 너무도 뜻밖의 재회였지만 그녀는 마치 며칠 만에 다시 만난 것처럼 여소군에게 환한 미소를 보냈다. 그런 이교를 또 가만히 바라보던 여소군의 블랙홀 같은 검은 눈동자는 가슴을 먹먹하게 만들었다.

지난날을 뒤돌아보면 우리에게도 애태우며 그리워했던 사람이 한 사람쯤 있었다. 이승철이 불러주는 이 한 줄의 노래는 잡다한 일상 속에 묻어놓고 살아가던 예전의 그 주체 못할 그리움의 설렘과 가슴앓이를 속절없이 떠올리게 한다. 윤곽이 뭉개진 중년의 체형에 어울리도록 질펀한 군살을 드리운 채 늘어져 있던 내 감성은 세월 저편의 그리움 속에 머물고 있는 그 누군가의 목소리라도 들은 듯 화들짝 놀라, 한순간 시골처녀 같은 눈으로 세상의 해묵은 풍경들을 둘러보았던 것이다.

닻처럼 가슴에 걸린 노랫말 한마디 때문에 이승철의 <네버 엔딩스토리>는 그 하루 온종일 나를 떠나가지 못했다. 놓아 보내는 데 좋이 며칠은 걸렸으리라. 그날 이후로는 대중가요를 들을 때면 최대한 꼼꼼하게 가사를 챙긴다. 내가 허투루 지나친 또 다른 보석 같은 가사는 없었는지, 내 감성을 또 한 번 송곳처럼 꼿꼿하게 만들 그런 가사가 나오지는 않을는지 시구에 눈을 모으듯, 노래에 귀 기울인다.

언제 노인이 되는가

버스를 타면 유난히 자리에 집착하는 사람들이 있다. 대개 예순 전후, 초로의 여자들이다. 그들은 자신의 욕망을 숨기지 않는다. 버스에 올라 요금을 결재하면서도 시선은 어딘가에 있을 빈자리를 찾아 바쁘게 움직인다. 운이 안 좋아 서서 갈 경우에는 누군가 좌석에서 일어서는 기척을 느낄 때마다 고개를 돌려 끈끈이 파리 덫 같은 눈빛으로 그쪽을 바라본다.

이번에 빌 좌석이 여자로부터 너덧 걸음 정도 떨어진 거리에 있다고 해도, 그리고 그 좌석 앞에 서서 오랫동안 버스를 타고 온 사람이 있다 해도, 그것이 그 여자의 욕망을 저지하지 못한다. 좌석 앞에 서 있는 사람이 학생이거나, 젊은 승객이라면 그가 아무리 착석의 우선권을 가졌더라도 그 권리 또한 고려되지 못한다.

여자는 재빨리 뛰어가 그 사람을 제치고 앉아버린다. 자신의 그런 행동에 대해서 여자는 어떤 변명도, 사의도 늘어놓지 않는다. 주름진 얼굴 위에 그저 잠시, 지치고 피곤한 표정만을 풀어놓을 뿐이다. 그것으로 그만이다. 예순 정도 먹은 여자는 버스의 좌석 하나쯤 얼마든지 차지할 자격이 된다고 굳게 믿는 듯했다. 하지만 나이가 들었다 해서 누구나 자리를 탐하고, 양보를 바라는 건 아니다.

그는 머리칼이 희끗했고 마른 체구를 가진 초로의 남자였다. 그가 버스에 올라 내 앞에 섰을 때, 나는 무릎에 놓인 가방을 들고 일어나 그에게 자리를 내주었다. 그는 괜찮다고 말했다. 하지만 자리를 양보 받는 사람들은 의례 그런 말을 하곤 했기에 대수롭잖게 여겼다. 얼른 앉지 않고 주저하는 그에게서 뭔가 난처한 기색이 느껴졌지만, 그가 나에게 신세 지는 것을 미안해하기 때문이라고 여겼다. 그래서 그가 덜 미안하도록 그 자리를 떠나 다른 곳으로 옮겨갔다.

버스 뒤쪽으로 가서 천장에 달린 둥근 고리를 잡으며 초로의 남자를 돌아보았다. 남자는 그때서야 엉덩이 위쪽의 몸을 의자 위에 털썩 내려놓고 있었다. 의자에 앉은 그의 모습이 서 있을 때보다 훨씬 더 피로해보였다. 그 몸짓을 보지 않았다면 나는 노약자를 대신해서 받아들인 수고로움을 달콤하게 음미하며 버스에서의 남은 시간을 보냈을 것이다. 그러나 남자의 그 마뜨찮은 몸짓, 보이지 않는 무엇엔가 억지로 몸을 구겨 넣는 듯한 그 앉음새를 보았을 때, 나는 해서는 안 될 잘못을 저질렀다는 것을 깨닫게 되었다.

남자는 정말 그 자리에 앉고 싶지 않았던 것이다. 아니, 자리를 양보 받고 싶지 않았던 것이다. 그는 아직 그럴 만큼 자신이 늙지 않았다고 생각하는지 몰랐다. 그런 사람을 노인취급 해버린 사실을 깨닫자, 느닷없이 달려든 전봇대에 이마를 부딪친 것처럼 머릿속에서 노랗게 불티가 튀었다.

왜 그런지 손에서 놓친 접시가 바닥에 떨어지기까지의 그 짧은 순간이 떠올랐다. 접시는 깨지지 않았지만 곧 깨질 것을 알고 있고, 그것을 알면서도 막을 수 없는 순간의 절망감, 포기하고 싶지 않으면서도 체념해야 하는 불쾌한 기분이 고통스럽고도 생생하게 마음속을 파고들었다. 그것은 어쩌면 눈에는 보이지 않지만 실재하는 진동 같은 것, 그러니까 진동처럼 내게로 전해진 그 남자의 마음속 느낌이 아닐까 하는 생각이 들었다.

그는 나이가 들어보여도 나보다 심신이 훨씬 젊은 사람일 수 있다. 산 하나를 거뜬하게 넘을 체력이 있고, 자식을 여의어도 그 슬픔을 견딜 수 있는 정신력이 있고, 사업이 난관을 맞았어도 헤쳐 나갈 지략과 배포를 지닌 강건한 사람인지 몰랐다. 고작 한 줌의 흰 머리칼 때문에 그를 늙은이로 규정하고, 억지로 자리에 앉기를 강요한 내가 오만하게 느껴졌다.

나도 모르게 그를 모욕하고 그에게 상처를 입힌 것만 같아서 시뻘건 화덕 곁에 서기라도 한 양 몸이 오그라들었다. 그는 어쩌면 그날, 태어나 처음으로 자리를 양보받았는지 모른다. 그의 연륜을 평가하는 세상의 눈을 나를 통해 확인했는지도 모른다. 그리고 그도 어쩔 수 없이 늙어간다는 사실을 아프게 인식했을 것이다. 내가 그에게 준 것은 호의가 아니었다. '당신은 이제 자리를 양보받아야 할 만큼 노쇠한 늙은이로군요.' 하는 잔혹한 낙인이었을 뿐이다.

그때 이후로 자리 양보하는 일이 불편해졌다. 나이 든 사람이라고 해서 누구나 양보를 바라지도, 기뻐하지도 않는다는 걸 알게 됐기 때문이다. 또 다른 누군가의 마음을 다치게 할지 몰라서 늘 조심스러웠다.

그날 남자는 저항했지만 그러나, 양보가 계속 되면 어느 날엔가는 저항을 포기하게 될 것이다. 그리고 반복되는 현실에 익숙해질 것이다. 그리고 어쩌면 그 자신이 양보하는 사람보다도 먼저 자리를 탐하게 될지 모른다. 하지만 이것만은 분명하다. 저항이 사라진 순간, 그는 진짜로 늙어갈 거란 사실 말이다. 나는 남자가 버틸 수 있는 한 마지막까지, 지금처럼 서서 가는 걸 고집하고, 또 고집하기를 마음속 깊이 바랐다.

지친 몸을 노약자석에 내려놓고 가는 모든 노인들에게는 남자가 겪은 것과 같은 최초의 그런 순간이 있었을 것이다. 그리고 나에게도 그 순간은 닥칠 것이다. 맞닥뜨려야 할 그 순간이 두렵다.

난처한 요청

늦은 밤, 보행신호를 기다리는 횡단보도 앞. 어느 모퉁이 어둠 속에선가 사내 하나가 불쑥 나타나더니 내 쪽으로 다가온다. 사십쯤으로 보인다. 그는 정말 미안하다면서 천 원짜리 있으면 한 장만 달라 한다. 술집을 나오면서 지갑 잃어버린 걸 알게 됐다고, 집에 갈 차비 천 원이 필요하단다.

차비가 없으니 도와달라는 사람을 그 전에도 두 번 더 만났다. 한 사람은 이십 년 전쯤, 서면의 번화한 길거리에서 내 앞을 가로막은 청바지차림의 청년이었다. 서울에서 왔다는 그 청년은 사정을 설명한 뒤, 여덟 명의 사람들에게 이미 도움을 요청했지만 거절당했노라고 우울하게 말했다. 자신을 장애인의 남편이라고 소개한 또 한 사람은 어쩌다보니 부인을 태우고 갈

택시비가 부족하게 됐다며, 일정액을 부탁하기도 했다.

천 원이건 삼사천 원이건 그것이 큰돈은 아니지만, 알지도 못하는 사람이 달란다고 덥석 내주기는 사실 억울한 돈이다. 그가 의도적으로 행인들에게 잔돈푼을 뜯고 다니는 사람인지도 모르는 일이다. 사실 이들을 만나면 의심부터 불쑥 솟는다. 그 사람의 진정을 믿어주기보다는 그가 나를 기만하고 있을 거라는 생각에 더 강하게 지배당한다. 그가 나에게 진실을 말하고 있다면 형편껏 그를 도와주는 게 마땅하나, 그렇지 않다면 어쩔 것인가. 사기꾼의 호주머니를 불려주는 일은 생각만으로도 불쾌하다.

단서를 얻기 위해 짧은 순간이나마, 내가 가진 모든 잣대로 그를 훑어본다. 그러나 쉽지 않다. 생김새나 표정을 보고서는 그가 어떤 사람인지 판단이 서지 않는다. 불명확한 정황에서는 올바른 결론보다 현명한 결론을 도출해야 하지만 그것이 한결 더 어렵게 느껴진다. 나를 혼란과 갈등에 빠뜨린 그가 원망스럽다. 정신적으로 힘들게 하고 돈까지 요구하는 그에게 화가 난다.

그를 의심하는 마음이 훨씬 강하면서도 그러나, 그가 말하고 있을지도 모르는 일 퍼센트의 진실 때문에 나는 망설인다. 그 일 퍼센트, 진실에의 가능성은 그에게 잡혀있는 연약한 볼모처럼 느껴진다. 나로 하여금 돈을 내게끔 협박하는 볼모가 아니라, 그의 인성을 최후까지 부정하지 못하게 만드는 그런 볼모.

사실, '돈이 없다.'는 한마디면 간단하게 그 상황을 빠져나올 수 있을 거라 생각했다. 모욕감을 안기지 않으면서 그 난처한 요청을 거절할 수 있는 최선의 말이라고 여겼으니까. 도와주고 싶지만, 아니, 돈을 주고 싶지만 그럴 형편이 아님을 상대가 이해해주길 바랐지만, 이십 년 전, 처음으로 나를 시험대에 서게 한 그 서울 청년은 내 거짓말을 간파하고 있었다.

그는 방금 내가 입에서 뱉어낸 말을 이미 여덟 명의 사람들에게 들었다고 냉소적으로 대꾸했다. 그 순간 내 지갑 속에 정말 집에 갈 차비만 남아 있었다면 얼마나 좋았을까 하는 생각을 했다. 그랬다면 그 청년의 냉소에 당당하게 맞설 수 있었을 테니까. 서로의 의심이 맞부딪힌 순간, 앞선 여덟 명은 청년에게 뭐라고 했을까. 무슨 말을 하면서 끝끝내 그 청년을 뿌리쳤을까.

아홉 번째의 거절을 이미 각오한 때문인지, 아니면 여덟 번 거절당하는 동안 팬 마음의 상처 때문인지 청년의 얼굴은 어두워보였다. 사기꾼에게 돈을 주는 첫 번째 바보가 되거나, 여행자의 딱한 사정을 외면하는 아홉 번째 냉혈한이 되거나, 둘 중 하나를 택해야 하는 기로에서, 나는 그가 붙잡고 있는 '착한 양심'이라는 이름의 볼모를 차마 외면할 수가 없었다. 더듬거리며 다시 말했던 것 같다.

"저, 동전이라도 있나 볼게요."

내 거짓말을 은폐하면서도 그를 도울 수 있는 궁여지책으로, 지갑 속의 지폐는 그대로 둔 채 동전만 긁어서 그가 원하는 금액을 맞춰 주었다. 최선이라 생각하고 내린 결정이고 행동이었지만, 그날 모든 절차를 마치고 청년과 헤어질 때, 세상 바보들 중에서도 가장 어수룩한 바보가 나일 거라는 자괴감을 떨칠 수가 없었다. 그러나 나는 알고 있었다. 내가 그에게 돈을 주지 않았다면 잠깐 동안 느끼고 말 자괴감과는 비교할 수 없는, 육중한 무게의 죄책감에 눌려서 그 하루 내내 괴로워했을 거라는 것을.

지하철의 동냥꾼이 내 무릎 위에 올려놓는 쪽지. 거기 적힌 애달픈 사연은 거짓일지 모른다. 시장 바닥을 기어가는 남자의 고무로 동여진 하반신. 숨겨진 남자의 다리는 불구가 아닐지도 모른다. 동전소쿠리를 앞에 놓고 노래 부르는 맹인여자. 검은 선글라스 뒤에서 깜박이는 그녀의 두 눈은 정상인지 모른다. 손님이 불편해하건 말건, 주인이 영업에 지장을 입을까 애를 태우건 말건, 가게 출입문 앞에 서서 목탁을 두드리고, 때론 구성진 염불도 불사하는 승복차림의 저 탁발승은 진짜 승려가 아닐지 모른다. 이 모든 불신을 멈추지 않으면서도 나는 번번이 그들이 벌리는 손을 외면하지 못한다.

그렇게 줘 봐야 건전하게 돈 쓰는 사람들 아니라고, 주지 않는 게 오히려 돕는 거라고 충고하는 사람들이 있다. 헛된 동정심에 휩쓸리지 않고, 값싼 연민을 내세워 자신을 '선한 인류'로 포장하지도 않는 사람들. 단호한 소신으로 야무지게 처신하는 그들 앞에 설 때면, 딱 부러진 철학으로 세상을 살아가지 못하는 자신이 한참 못나게 여겨진다. 내가 하는 짓이 가증스러운 위선이 아닐까 혼란스러울 때도 있다.

그들이 옳을지도 모른다. 그렇지만 모든 경우에 그들이 다 옳지는 않을 것이다. 내가 두려워하는 것은 그것이다. 가려내지는 못할지라도 나에게 구차한 사연을 늘어놓으며 도움을 청하는 사람 중에는 진실을 말하는 사람이 있을 거라는 사실. 나는 다만 한 사람이라도 그 누군가의 진실을 묵살해버릴까 두렵다.

"면목 없습니다만, 부탁드리겠습니다."

술집에서 지갑을 잃어버렸다는 사내가 우두커니 선 나를 다시 한 번 채근한다. 지갑에서 천 원 한 장을 꺼내 사내에게 다가가니 술 냄새가 진하게 풍겨온다. 자세히 보니 옷차림과 머리 모양새가 회사원풍으로 단정하다. 일부러 그러고 다니는 밑바닥 사내의 비열한 느낌 같은 건 없다. 손바닥에 천 원을 올려주니 사내, 꾸벅 인사를 한다.

"아이쿠, 폐를 끼치게 돼서 죄송합니다. 감사합니다!"

초록불이 들어와서 횡단보도를 건너는데 사내가 원한대로 천 원을 주고서도 자꾸 그에게 미안한 마음이 든다. 지갑을 잃어버렸다는 그의 말이 사실일 거라는 생각이 강하게 든다. 이번에도 역시 그의 말을 믿기 전에 덜렁, 의심 먼저 해버린 나였다. 내 심보는 여전히 햇빛 속에 나뒹구는 찌그러진 양은 주발 같다.

'까짓것, 그냥 순순히 내줄 것을….'

돈 한 푼 없다는 사람에게 고작 천 원만 준 것도 후회된다. 밤늦은 시각이라 집에 가는 버스가 끊기기라도 했으면 환승을 해야 하는데, 그런 걸 대비해서 주는 김에 좀 넉넉히 주지 못한 것이 걸린다. 속 좁고 생각 없는 이런저런 내 행동들이 구두 끝에 차여 걸음이 편치 않다.

그 밤, 사내는 무사히 집에 돌아갔을까.

자발적으로 나서서 도와주지는 못할지라도 누군가 제 결핍 때문에 궁색하게 나를 부를 때, 그때만큼은 기꺼이 도와주자고 마음먹는다. 비록 사기꾼에게 조롱당하는 이 세상 일 퍼센트의 바보로 남을지라도.

식사

세상에 태어난 이후로 지금껏 내 위장에는 늘 무언가가 들어 있었다. 먼저 들어온 것이 완전히 소화되기도 전에 새로운 것이 들어오곤 해서 위장이 텅 빈 적이 거의 없다. 오늘 오전 열한 시에도 생선 반 토막과 밥과 국 한 그릇을 밀어 넣었다. 그리고 두 시간 뒤, 커피를 머그잔으로 가득하게 한 잔 들이붓고 또, 한 시간 뒤에 비스킷 다섯 개를 먹었다. 세 시간 뒤에 먹기로 예정된 오무라이스 한 접시는 지금 분식집 주방에서 대기하고 있다.

배고픔이 절실해서 밥을 먹은 기억은 별로 없다. 배고플 때까지 기다렸다가 밥을 먹지 않았기 때문이다. 식욕이 없으면서도 끼니때라는 이유로 식탁 의자에 엉덩이를 걸치다가, 먹는 일에 너무 습관적으로 매달린다는 생각이 들었다. 한 끼 거른다고 탈나는 것도 아니고, 하루 안 먹는다고 쓰러지는 것도 아니다. 며칠 금식한 탓에 죽은 사람도 없다. 그런 줄 알면서도 먹는 일에 도무지 초연해지지 않는 자신이 의아했다.

어쩌면 공복의 상태가 불안한지 모른다. 뱃속에 아무것도 들어있지 않으면 두렵거나, 위장이 텅 비면 자동으로 머릿속에 경광등이 울리는 그 느낌과 맞닥뜨리는 게 불쾌했는지 모른다. 그래서 무조건 억지로 배를 채우고 있는지도.

생각 없이 기계적으로 식사를 하는 듯해도 가만 살펴보면 정신에 각인된 무언가에 의해 움직이는 듯하다. 부지불식간에 나를 움직이는 그것은 어쩌면 '식사는 곧 생명'이라는 등식이다.

밥을 먹지 않으면 죽는다. 밥을 적게 먹으면 죽을 확률이 높아진다. 밥은 죽음을 밀어낸다. 밥의 분량만큼 죽음의 분량은 줄어든다. 밥이 뱃속에 있을 때 만족감이 드는 건 죽음으로부터 안전하다는 느낌 때문일 것이다. 그 느낌에 집착한 나머지 강박적으로 식사를 챙기는 것만 같다. 그러니, 먹는다는 건 생명에 집착한다는 뜻이다. 식사는 생에 대한 의지의 표현이다. 자신이 무가치하게 느껴지고 혐오스러워서 사기그릇처럼 내던져 박살 내고 싶을 때, 그런 자학의 순간이 오면 가장 먼저 식사를 중단한다. 먹을 것을 공급하지 않는 것은 스스로를 죽음으로 내모는 상징적인 행위다.

과하게 음식을 섭취해서 뚱뚱해진 사람들은 생에의 열망이 마른 사람보다 훨씬 강할 듯하다. 그래서 우리들 몸뚱이가 달고 다니는 군살의 양과 삶에 대한 집착의 양은 비례할 것만 같다.

내 집에 오는 손님에겐 무조건 먹을 걸 대접한다. 반갑고 귀한 손님일수록 내놓는 음식은 영양가가 높아지고 양도 푸짐해진다. 손님의 건강을 염려하고 생명이 충일하기를 기원하는 집주인의 뜻을 표현하는 데 음식만한 것이 없을 듯하다. 내 몫의 음식을 떼어 손님을 먹이는 것은 내 몸, 내 생만큼 그의 몸도 귀히 생각한다는 뜻이다. 그러므로 음식대접은 손님을 축복하는 최고의 예우이다.

일 년에 한번 조상의 혼령을 모실 때도 식사를 대접한다. 제사는 조상에게 식사를 드리는 일이다. 조상은 우리에게 생명을 준 소중한 분이므로, 우리도 우리가 바칠 수 있는 가장 가치 있는 것으로 조상에게 올린다. 조상에게 드릴 수 있는 가장 좋은 것을 우리는 꽃도, 음악도, 보석도 아닌, 한 끼니의 잘 차린 밥상으로 생각했다. 그래서 그분들에 대한 사랑과 존경의 크기는 혼자서는 일주일을 먹어도 못 다 먹을 양의 음식으로 표현되었다. 생전에 좀 더 맛있고 기름진 음식으로 봉양하지 못한 회한을, 그래서 좀 더 오래 살도록 하지 못한 안타까운 마음을 제기 위에 수북하게 쌓아올렸는지 모른다.

신위의 바로 앞에는 쉽게 들 수 있도록 가장 맛좋은 고기류를 당겨놓고 후식으로 들 과일은 뒷줄에 차린 뒤, 조상이 아홉 수저를 드실 동안에 후손들은 방 밖에 엎드려 기다린다. 일 년에 한 번 조상은 그렇게 식사를 위해 부활하여 지난날 함께 음식을 나눠 먹었던 식구들의 집을 찾는다.

먹을 것을 주는 사람에게는 애착이 간다. 세상 물건 중에 우리 마음에 가장 위안을 주는 것이 음식이기 때문이다. 밥집 아주머니에게 느끼는 정서는 다른 가게 주인의 그것과는 다르다. 공장에서 제조된 필기구를 선반에서 꺼내주곤 그만인 문방구 아주머니와 달리, 주방 아주머니가 내 앞에 내려놓는 것은 아침부터 손수 다듬고 익혀서 차려낸 음식이다. 공책과 연필은 가방 속에 넣어 다니고, 외출에서 돌아오면 옷가지는 몸에서 벗겨지지만, 밥집 아주머니가 직접 지어온 음식은 내 몸속, 내 허기 속으로 깊숙이 들어간다.

내 결핍을 보다 충실하게 채워주기 위해 아주머니는 찌개가 끓는 동안 소금의 양과 불의 세기를 조절하고 또 조절한다. 그런 아주머니의 손길이 뱃속으로 함께 들어온다. 늦은 저녁 탁자에 앉아 양은쟁반에 받쳐온 음식으로 주린 몸뚱이를 채우노라면, 각박한 세상의 구석에서 그나마 내 삶의 신산함을 다독여주는 이가 그이인 듯하여 불쑥 고마움이 인다.

하여, 앞치마를 두르고 한 뚝배기 국밥을 퍼주는 아주머니 앞에서는 온종일 단단하게 단추를 잠그고 다녔던 마음이 고만 헐거워지는 것이다. 모자라면 더 주겠노란 말이 어쩌면 입바른

말에 불과할지라도 숟가락 위에 그 말을 올려놔주는 밥집은 한결 더 푸근하다.

어쩌면 우리가 아버지보다 어머니에게 더 각별한 애정을 느끼는 것도 허구한 끼니마다 더운밥과 국을 내 앞에 놓아준 분이 그분이어서가 아닐까, 생각할 때가 있다. 매운 것을 못 먹던 어리고 약한 내게 물에 씻은 김치를 잘게 찢어주던 이가 아버지가 아니라 어머니였기에.

오래전, 처음으로 가졌던 뷔페에서의 식사는 충격적이었다. 엄청난 분량으로 쌓아놓은, 이름도 다 모를 수십 가지의 음식들을, 아무 제약 없이 배가 터지도록 먹어대는 새로운 음식문화의 현장에서 빈 접시를 든 채 망연했었다. 그 와중에서도 이런 식사는 옳지 않다는 생각이 들었다. 특별한 잔칫날도 아니면서 무싯날의 한 끼 식사로 이렇게 먹는다는 건, 음식을 먹고 사는 이 세상 모든 생명체에 대한 예의가 아닌 것 같았다. 인간이 지켜야 할 식사의 선을 넘어도 너무 넘었다는 생각에 더럭 겁이 났다. 뷔페의 은식기 위에 색색으로 높이, 높이 쌓인 기름진 것들이 모두 인간의 교만으로 보였다. 그러나, 나는 그날 그 부당한 교만을 욕지기가 나도록 실컷 먹었다.

요즘도 뷔페에서의 식사는 또 한 번 탐욕이라는 죄를 덧짓는 것 같아 마음이 편치 않다. 그곳에서 나오는 길에 조그만 분식집을 지나칠 때면, 한 그릇의 수제비로 소박하게 식사하는 사람들의 모습이 그리 맑고 아름다워 보일 수가 없고, 축구공처럼 단단하게 팽창한 위장을 부여안은 내가 짐승스럽게 느껴진다.

우리들의 인사 가운데 가장 살가운 인사는 '식사하셨습니까?'라고 묻는 것이다. 끼니를 물어주는 말 속에는 모성이 담겨 있다. 다른 것은 몰라도 배가 든든해야 하고 뱃속에 든 것이 세파를 헤쳐 가는 힘이 되어준다는 어머니의 정겨운 잔소리를 그 인사는 일깨운다. 밥 먹는 일을 걱정하는 것은 내 존재와 내 삶을 걱정하고 챙겨주는 인사다.

허기진 날 누군가 나에게 식사를 물어주면, 밥 한 상 내 속에 넣어 줄 것 같은 그 마음 씀이 느껴워, 공복이어도 쌀밥 그득 차오른 가마솥처럼 푸짐해질 듯하다.

늙은 우술라의 슬픔

대연동 부산문화회관 앞에 '가람 앤 국도 예술관'이라고, 예술영화를 상영하는 소극장이 있다. 68번 버스 정류소에서 주택가 골목을 따라 올라가면 나타난다. 골목길에는 주변의 오래된 주택들처럼, 잘나가는 브랜드의 세련된 외관과는 거리가 먼 소박한 빵집과 레코드점과 채소가게와 꽃집이 자리하고 있다. 장사가 될까 싶게 한산한 가게들이지만 몇 년째 굳건하게 영업을 해나가는 저력을 갖추고 있다.

골목이 거의 끝나는 지점, 그러니까 문화회관 건물이 시야에 그득 차게 들어오는 지점에 예술관이 자리한다. 처음 오는 사람들은 유심히 살피지 않으면 못 찾는다. 변변한 간판조차 달려있지 않은데다, 예술관이 반지하이기 때문이다. 도로에 접한 것은 영화포스터가 붙은 작은 게시판과 예술관으로 내려가는 좁은 계단이 전부다. 건물을 찾고 보면 대학로에 포진한 소극장 중 하나를 닮았다는 느낌이 들 것이다.

주로 예술영화를 상영하는 단관 극장인데 원래 남포동에서 '국도극장'으로 운영되다가 경영난 끝에 옮겨와 재개관했다. 접근성이 떨어진다는 단점이 있지만 상업공간으로 가득한 번잡한 남포동보다는 인접한 부산문화회관과 박물관이 빚어내는 문화의 아우라 속에 자리하는 모습이 훨씬 보기 좋고, 또 잘 어울린다.

이 예술관을 어떻게 알고 찾아갔는지 생각나지 않지만 이곳에서 제일 처음 본 영화는 기억에 또렷하다. 찰스 댄스가 감독한 <라벤더의 연인들>이다.

반지하 극장의 어둠 속에 펼쳐진 영화의 영상들은 영국 전원마을의 풍경과, 찻잔이 놓인 두 늙은 자매의 식탁처럼 아늑했다. 하지만 우슐라 역을 맡은 주디덴치의 연기에 몰입하는 사이, 그 아늑한 정조들은 어느새 저릿한 슬픔으로 바뀌어갔었다.

영화는 사람이 사람을 사랑하는 일의 지난함을 되돌아보게 했다. 노경에 든 여자의 젊은 남자에 대한 사랑. 모자뻘 연인에 관한 이야기야 뭐, 현실에서도 이따금 회자되고 있다. 아델파 볼페스라는 82세의 아르헨티나 여자가 24세의 청년 레이날도 와베체와 결혼했다고 해서 2007년 9월, 세계 언론들이 떠들썩하게 보도한 것도 그중 하나다.

기사를 읽어보면, 레이날도는 아델파의 친구 아들이었다. 친구가 숨지자, 당시 15세이던 레이날도를 돌보기 위해 아델파가 함께 살기 시작하면서 사랑이 시작됐다고 한다. 팔순의 할머니에게 매혹되는 젊은 영혼이 있는 걸 보면, 남녀 간의 애정이란 발버둥 친다고 해서 얻을 수 있는 것도, 거부한다고 해서 가시는 것도 아닌 게 분명하다.

사람들은 통념에 위배되는 그 결혼을 비난했다. 그러나 그들의 사랑은 불륜이 아니었다. 혈연관계도 아니고, 그들 서로에게 배우자가 있었던 것도 아니다. 결혼을 하는 데 있어 법적으로 아무 하자 없는 사랑이었지만, 마치 일방적으로 아델파가 레이날도를 성폭행이라도 한 것처럼 세상은 그녀에게 반발했었다.

<라벤더의 연인들>은 기본적으로는 아델파가 겪었던 사랑에 대한 또 하나의 변주곡과 같은 영화다. 주디덴치가 연기하는 노년의 일탈된 사랑의 서사를 통해 우리는 아델파가 보여줄 수 없었던 그녀의 미묘한 내면에 생생하게 접근하는 행운을 누린다. 영화의 스토리는 이러하다.

독신의 우슐라는 나이 일흔에 사랑에 빠지고 만다. 그녀는 오랜 세월 한 번도 이성을 사랑해본 적이 없다. 그런 그녀에게 사랑의 감정을 느끼게 한 대상은 안드레아다. 폴란드에서 미국으로 가던 중, 폭풍우를 만나 우슐라의 집 앞 해안에 떠밀려온 안드레아. 그는 이제 막 소년티를 벗은 청년으로 빼어난 음악

성을 가진 바이올리니스트 지망생이다.

안드레아에 대한 그녀의 사랑은 무조건적이다. 그의 이름과 국적과 신분이 무엇인지도 모르는 상태에서 우슐라는 첫눈에 사랑의 감정에 빠져든다. 생전 처음 경험하는 낯선 감정에 어찌할 바를 모르는 우슐라의 서툴고 어색한 모습은 그녀가 연정에 사로잡혀 격앙되어 있음을 언니 자넷의 눈앞에 고스란히 드러내고, 언니는 걱정 가득한 눈길로 동생을 바라본다.

사랑이 무엇인지, 그 격정을 어떻게 처리해야할지 알 길이 없어 당혹스럽기만 한 우슐라는 자넷에게 그녀의 지나간 사랑은 어땠냐고 묻는다. 자넷은 사랑의 본질에 대해 동생에게 해 줄 말이 없다. 그녀 역시 영혼을 바친 사랑을 해보지 못했기 때문이다.

일흔의 나이에 첫사랑의 열병을 앓는 우슐라.

그러나 그녀의 사랑은 스스로에게 절망만을 안겨준다. 생애 처음이자 마지막으로 사랑이 찾아왔건만 그 대상은 자신에게 도무지 걸맞지 않다. 사과나 구두에게 연정을 느끼는 것보다 더 지독하다고 느낀다. 사랑의 감정은 주체할 수 없는데 자신의 가치관은 그 사랑을 강하게 부정한다. 그녀의 절망은 안드레아와의 사이에 가로놓인 50년이란 세월, 늙음 가득한 자신의 육신에서 비롯한다. 늙은 육신을 따라 함께 늙어버리지 못한 영혼을 한탄하며 우슐라는 안드레아가 떠밀려온 해안가에 앉아 눈물짓는다.

세월을 살아오는 동안 주름이 골을 이루고, 등은 구부정해지고, 백발이 성성해 노태가 완연해져 가도 우슐라는 안드레아가 나타나기 전까지는 자신의 그런 모습에 별 저항 없이 살아왔다. 나이를 먹는 만큼 사람은 누구나 늙게 마련이고, 그것이 자연의 섭리라고 여겼기 때문이다. 그러나 별 고뇌 없이 받아들였던 늙음은 젊은 연인 앞에서 흉측한 노추가 되고 만다.

나이가 든다는 것, 늙는다는 것의 의미를 냉정하게 되새겨야 했을 때, 우슐라는 전율했으리라. 늙는다는 것이 불행한 이유는 무언가를 선택할 권한을 삶에서 자꾸만 박탈당하기 때문이다. 포기해야 할 것이 많아진다는 것, 어쩌면 그것이 우리가 늙음에서 느끼는 가장 큰 슬픔인지 모르겠다.

유효기간이 지난 교환권을 들고 창구 앞을 서성이는 것처럼 우슐라, 그녀의 사랑은 스산하다. 우슐라는 아델파처럼 교환권을 사용할 수 있게 해달라고 자신의 운명에게 요구하지 않는다. 그녀의 사랑은 저돌적이지 않다. 상식에 저항하는 아델파의 열정 같은 건 없다. 사랑의 감정에 애타하지만 그런 감정을 안으로 다독이고 주워 담기에 급급할 뿐, 세상이 경멸하는 사랑을 현실 속에 결실을 보겠다는 생각은 애당초 품지 않는다.

그녀는 운명의 희롱 같은 자신의 현실을 거부하려 들거나, 안드레아와 어긋난 세월을 살게 한 신 앞에 분노하지 않았다. 감정을 남발하거나, 여기저기 흘리고 다니지도 않았다. 사랑의 감정이 알 수 없이 찾아왔던 것처럼 인생의 황혼 녘에 노을처럼 번져든 사랑이 또한 저 스스로 물들다 스러져가도록 놓아두었던 것이다.

햇살 좋은 뜰에서 자넷이 안드레아의 머리를 이발하던 때, 의자 아래 흩어진 그의 머리칼 한 줌을 도둑질하듯 몰래, 그러나 너무도 소중하게 집어 들던 우슐라. 늙은 그녀가 소유할 수 있는 거라곤 버려진 안드레아의 머리칼 한 줌뿐인 쓸쓸한 현실은 정녕 가슴을 저민다. 하지만 우슐라는 바람 부는 어느 날, 그것조차 바이올리니스트로서 자신의 세계를 향해 떠나버린 안드레아의 남겨진 추억 위로 훌훌 날려버린다.

아델파에 대해서는 공분하던 사람들도 사랑에 대한 우슐라의 소극적인 대처방식을 바라보면서는 연민을 느낀다. 그건 아마도 우리 역시 그런 상황에 처했을 때 우슐라의 사랑법을 따를 수밖에 없으리란 걸 아는 때문이 아닐지.

젊은 연인 앞에서 당당할 자신도, 세상의 이목 앞에 고개 숙이지 않을 자신도 우리에겐 없는 것이다. 어쩌면 아델파의 사랑을 노욕이라고 몰아붙이는 것도 아델파만큼의 열정을 가지지 못한 우리 자신의 소심한 애정관을 합리화시키기 위한 것일지 모른다.

그렇더라도 우슐라의 사랑에 대한 체념을 단지 늙고 무기력한 탓으로 여기지는 않겠다. 우슐라가 아델파처럼 사랑의 성취를 이뤘다 해도 그녀는 결국 불편했을 것이다. 사는 동안 그 사랑에 마음 아파하고 후회할 것을 알았기에 놓아버렸는지 모른다.

똑같은 사랑일지라도 그것을 바라보는 각도가 달랐던 두 사람. 사랑의 감정이 무엇보다 중요했던 아델파는 그녀의 방식대로 사랑을 했고, 사랑의 대상을 우선시했던 우슐라는 말없이 그것을 지워냈다. 아델파와 우슐라는 각자의 통찰에 따라 자신에게 주어진 사랑을 조율했을 뿐이다.

삶의 황혼기에 찾아온 애틋한 사랑에 대한 두 여자의 시선.

그 두 늙은 여자의 시선을 따라가다 보면 사랑 그 자체보다도 '인간에게 있어 늙음은 과연 무엇인가'라는 철학적 질문에 마주서게 되고, 그에 대해 더 깊이 고뇌하게 된다.

이따금 오래된 주택가 골목을 거슬러 올라, 작은 반지하 예술관을 찾아갈 때면, 티켓박스와 휴게실을 겸하는 한 평 남짓한 로비에서 앞 타임 영화가 끝나기를 기다리며 뜨거운 아메리카노 한 잔을 홀짝일 때면, 늘 머릿속에서 감돈다.

안드레아가 런던에서 솔리스트로 데뷔하며 연주한 <바이올린 오케스트라 환타지>의 그윽한 선율과 함께, 젊음 앞에 눈물짓던 늙은 우슐라의 모습이.

득이

아버지가 대변항에서 잡화점을 하던 시절, 우리 가게에서 일한 점원 중에 득이가 있었다. 득이가 처음 왔을 당시, 몇 살이나 되었는지 모르겠으나 스무 살에는 한참 못 미치는 나이였다. 그 나이에 점원으로 취직했으니 고등학교는 다니지 않은 것이다.

득이는 가게를 보는 것이 주 임무였지만, 집안일도 거들었다. 수도시설이 없던 곳이라, 아침이면 물지게를 메고 양수장 너머에 가서 샘물을 길어오는 것도 그의 일이었다. 부산에서 대변항으로 들어오던 막차가 만화리 고개에서 추락했을 때, 사상자 중에 아버지가 있는지 확인하러 그 밤에 사고현장을 갔던 사람도 득이였다.

득이는 나보다 열 살 정도 나이가 많았지만, 그를 오빠라고 부르지 않고 이름을 불렀다. 부모님이 "득아!" 하고 부르는 대로 따라서 그렇게 불렀던 것이다. 지금 생각해도 이상한 것은 겨우 세 살 많은 언니는 꼬박 언니라고 불렀으면서, 총각이 다된 그의 이름은 함부로 부른 것이다. 그리 불러도 득이 본인을 위시하여 누구도 말리는 사람이 없었다. 특히, 매사 경우가 발랐던 엄마가 그걸 방관한 것은, 동네 사람들이나 집안의 머슴들에게 공대 받으며 자랐던 당신의 기억 때문인지 몰랐다.

완고한 유학자들의 가문인 외가에서는 시대가 바뀌어도 집안의 내력을 따져 은연중에 반상을 구분했고, 예전부터 하대 해온 사람에겐 세상이 달라졌다고 공대하지 않았다. 천출이라면 늙은이에게도 하대하는 가풍이 몸에 밴 엄마였기에, 머슴과 별반 다르지 않고 근본도 불확실한 득이 역시도 그런 방식으로 대했던 게 아닌가 싶다.

득이의 엄마는 일본에서 건너왔다고 했다. 혼자 몸으로 득이와 그 남동생을 키우며 살았다는데 예순은 실히 돼 보이는 얼굴이었다. 이마와 양 뺨엔 굵은 주름들이 졌고, 잔주름이 자글거리는 눈꺼풀은 늘어져서 눈동자가 잘 보이지 않았다. 그래서인지 그녀가 나를 보고 있을 때도, 실상 그 눈동자는 내가 아닌 내 어깨 너머 세상 어딘가를 헤매고 있는 것만 같았다. 온갖 풍상을 다 겪은 듯한 얼굴이었지만, 부실하게 삐드러진 치아들, 특히 심하게 비틀려 불거져 나온 앞쪽 윗니 두엇과, 그 때문에 노상 말려 올라가 있던 입술은 그녀의 인상을 더 신산스럽게 만들었다. 몰골은 초라했지만 그 행동에서는 심약하고 선한 느낌이 풍겼다. 득이 엄마도 우리 집에 손이 필요할 때마다 와서 궂은일들을 해주었다. 엄마가 동생들을 낳을 때 산바라지를 해준 사람도 그녀였다.

득이는 우리가 그 포구를 떠나 부산으로 이사 갈 때까지 계속 점원 일을 했다. 그는 체구가 작고 양순했다. 말썽 없이 착실하게 일한 탓에 부모님도 그를 신임했다. 그러나 두 해를 함께 지냈는데도 그에 대한 특별한 추억이 없다. 득이와 한 밥상에서 밥을 먹은 기억도 나지 않는다. 나이 차가 많았어도 그를 어렵게 여기지 않았고, 그도 어린 우리들에게 구순하게 대해주었다는 기억만 있다. 어느 해 겨울인가, 우리 집 골방에서 잠을 자던 그의 이부자리 속으로 엄마가 밤마다 수건으로 싸서 넣어주던 뜨거운 양철통만은 무슨 까닭인지 잊히지 않고 떠오른다.

대변항을 떠난 지 육칠 년 만에 득이를 다시 만났다. 부모님이 한동안 울산에 가 계시는 동안, 우리 자매들을 돌보고 집안일을 대신 관리해 달라는 부탁을 받고 그가 온 것이다. 그는 처와 함께 우리 집으로 들어왔다. 집에 오기 직전에 득이는 결혼했다. 아버지의 주선으로 우리 동네 동사무소 2층에서 예식을 올렸다. 예식장에 가지 않았던 내 기억에는 그날 하객으로 참석하기 위해 양복을 멋지게 차려입었던 아버지의 모습만 또렷하다.

오랜만에 만났어도, 득이는 별로 달라진 게 없었다. 초등학교 2학년 때 헤어졌다가 중학생이 되어 만났으니 나에겐 많은 변화가 있었겠지만 그는 얼굴도, 머리 모양도, 체구도 다 그대로였다. 행동도 성품도 예전과 마찬가지였다. 그래서일까. 망설임 없이 예전처럼 그를 다시 득이라고 불렀던 것은. 그러나 득이는 더 이상 그러한 부름을 용납하지 않았다.

살림을 합치고 얼마 뒤, 우연히 둘만 있게 되었을 때, 득이는 내게 오빠라고 부르라고 진지한 표정으로 일렀다. 그를 오빠라고 불렀어야 마땅하다는 걸 바보처럼 그 순간에서야 깨달았으니 나는 아둔하고 철없는 아이였다. 그동안 그에게 무례를 범하고 있었음을 자각한 순간, 수치심이 솟구쳤다. 결혼해서 일가를 이룬 남자의 이름을 예사로 불러댄 과오를 생각하니 몸이 오그라들었다. 그러면서도 마음 한편에는 득이가 각시를 얻지 않았다면, 그랬다면 그는 여전히 자신을 뭐라 부르건 상관하지 않았을 거라는 생각이 드는 거였다.

득이의 아내는 얼굴이 동그라니 참하게 생긴 여자였다. 육감적인 몸을 가지고 있었다. 허나, 도무지 말이 없는 여자였다. 무거워 보이는 안색 때문에 그녀가 어렵게만 여겨졌다. 그 여자를 한 번도 언니라고 부르지 않았던 것은, 득이를 새삼스레 오빠라고 부르기가 어색했던 것과 같아서였다. 그녀를 그렇게 호칭하는 게 왜 그리 쑥스럽게 느껴졌을까.

그녀와 나 사이에 새로 생겨난 이상한 길에는 아무도 오가는 사람이 없었다. 그 길은 날이 갈수록 더 길어지고 적막해지기만 했다. 그렇다고 그녀에게 관심이 없는 건 아니었다. 다가가기 힘든 것과 반비례하여 그녀에 대한 궁금증은 발효기 속의 빵 반죽처럼 쑥쑥 부풀어 올랐다.

득이 부부는 낮 동안 아래층 가게에 내려가 있었기에 그들이 쓰는 작은 방은 비어 있었다. 득이 아내에 대한 호기심 때문에 빈 방을 몰래 들락거렸다. 살림살이가 지극히 단출한 그 방에서 눈길을 사로잡은 것은 묘하게 농염한 분위기를 풍겨내는 새각시의 화장품들이었다. 빈 방에 잠입할 때마다 파란 플라스틱 바구니에 담아놓은 로션과 립스틱들을 꺼내, 각시의 비밀들이 그 안에 다 들어있는 것처럼 꼼꼼하게 살피고 만지작거렸다.

어느 날 득이에게 꾸중을 들었다. 두 번 다시 자기들 방에 들어가지도 말고, 화장품에 손대지도 말라고 했다. 무단침입을 한 사실이 들통 나 머쓱하기도 했지만, 잘못을 반성하기에 앞서 득이에게 성화를 부려댔을 그 아내의 일그러진 얼굴이 떠올랐다. 지은 죄 때문인지 그 참하고 말없는 여자가 더더욱 버겁게만 느껴졌다.

득이는 공과금이라든가, 우리들 학비로 지출된 생활비의 내역을 날마다 장부에 꼬박꼬박 적어 넣었다. 그러면 이따금 엄마가 와서 집안일도 처리하고, 득이에게 생활비도 계산해주었다. 그는 우리에게 사준 사탕 한 알 값까지도 장부에 낱낱이 적어두었나 보았다. 우리를 돌봐주는 대가로 그들 부부에게

숙식을 제공하고 가게를 무상임대 해주고 있던 엄마는 십 원 한 푼까지 다 청구하는 득이의 처사가 야박했던 모양이다. 쓴소리를 하는 엄마 앞에서 어쩔 줄 모르고 벌겋게 달아오르던 득이 얼굴이 떠오른다.

나는 안다. 그는 엄마의 지시를 토씨 하나까지 어기지 않고 따르느라 그랬다는 것을. 그런 자신을 잘 변명하지도 못했을 거라는 것을. 득이는 답답할 만큼 세상사에 순진한 사람이었다는 것을.

득이 부부와 함께 산 기간은 길지 않았다. 일 년 가량이나 되었을까. 예정된 수순대로, 부모님이 집에 돌아오심으로 해서 득이 부부는 다른 곳으로 떠났다. 그들이 떠나던 시각에 나는 학교에 있었던 것인지, 쓸쓸한 이별의 장면 같은 건 떠오르지 않는다. 그들이 칠암으로 갔다고 들은 것 같다. 언젠가 한번 가봤던 칠암을 떠올렸다. 그곳은 전에 살았던 대변항보다 더 후미진 어촌이었다.

그 후로 득이를 잊고 살았다. 십여 년의 세월이 다시 흘러간 어느 날, 그가 죽었다는 소식을 들었다. 그간의 자세한 행적은 모르지만 죽기 전에 득이는 화물차 운전수로 일했던 모양이다. 고속도로였나 보다. 운행 중, 적재된 짐들에 이상이 생겼는지 그는 트럭을 세워놓고 화물칸에 올라갔다. 뒤에 오던 차가 트럭을 들이박았다. 그때 죽기에는 득이는 너무 이른 나이였다. 그리고 그렇게 가기에는 너무 양순했고, 누린 것도 너무 적었던 사람이었다. 사고를 당하지 않았다면 삶의 길목에서 한 번쯤 더 그를 만날 수 있었을까.

그가 바랐던 대로 그를 오빠라 부르는 게 당연하지만, 또 잠시 그렇게 부르기도 했지만, 그가 떠난 뒤로 기억 속에서 그를 되살릴 때마다 나도 모르게 유년기처럼 그를 득이라고 부른다. 이상하게도 득이라는 이름 앞에 오빠라는 호칭을 붙이면, 내가 가지고 있던 그에 대한 살가운 감정이 그 두 음절 속으로 낯설게 휘발되어 버리는 것 같았다.

농염하고 말 없던 그 각시와 결혼해서 우리 집에 들어와 살았던 때가 득이의 인생에서 가장 빛나는 시절이라는 걸, 당시에는 몰랐다. 득이는 칠암으로 이사 간 몇 년 뒤에 그의 아내와 헤어졌다고 한다. 그리고 얼마 지나지 않아 고속도로 위에서 짧은 생을 접었다.

3

오토바이 타는 여자

알로카시에 옆에서

레트로풍의 인테리어. 푹신한 패브릭 소파의 실내와 흑갈색 라탄 체어의 테라스. 그리고 부채처럼 큼직하고 싱싱한 알로카시에 잎사귀가 있는 실내에서 나는 편치 않다.

흰 와이셔츠에 보타이를 맨 웨이터가 요리접시를 내려놓고는 머리를 깊숙이 숙여 인사한다. 그는 처음 우리를 이 자리에 안내한 뒤에도 머리를 숙였고, 물 잔을 갖다놓으면서도, 메뉴판을 내려놓을 때도 깍듯이 인사했다. 그는 잠시 후 빈 접시를 치우러 와서도 똑같은 행동을 할 것이다.

밥을 먹는 건 영예와는 무관하다. 요리를 다 먹고 양념으로 지저분해진 접시를 내놓는 것도 존경을 살만한 행위는 아니다. 그런데도 점심 한 끼니 먹으면서 수도 없이 정중한 인사를 받아야하는 이런 레스토랑이 불편하다.

웨이터는 우리의 무엇에 경의를 표하는가. 그의 인사는 경의를 가식한 기계적 동작일 뿐임을 잘 안다. 그런 인사를 계속해서 참아내야 하는 것이 사실은 더 견디기 힘들다. 레스토랑의 주인은 나의 식사가 정중한 인사를 통해 한층 만족스럽고 특별해지기를 바라겠지만 내 식사는 그의 지나친 배려 때문에 자꾸 무거워진다. 반쯤 빈 물 잔을 그득하게 채워준 웨이터가 또 한 번의 인사를 남기고 떠났을 때, 마침내 나는 건너편 순두부집의 식탁을 그리워하기 시작한다.

순두부집의 종업원은 물수건을 갖다놓거나 그릇을 치울 때 인사하지 않는다. 내가 인사 받을 필요를 못 느끼는 것처럼 그도 그런 일을 한 뒤에 인사할 필요를 못 느낀다. 그는 내가 처음 가게에 들어설 때와 계산하고 나갈 때만 인사를 건넨다. 나도 그 두 번의 인사면 족하다. 내가 원하는 만큼만 제공하고, 공허한 인사로 낭패감을 안기지 않는 그에게서 편안함을 느낀다.

과거의 누군가는 식사 같은 평범한 일을 하면서도 끊임없이 자신에 대한 존경을 확인하고 싶었는지 모른다. 또 다른 누군가는 그런 유의 욕망을 채워주는 일에 시간과 정력을 소비하고 대가를 얻었을 것이다. 그들이 영합하여 탄생시킨 식사의 양식은 사라지지 않고 오늘도 이 레스토랑의 알로카시에 옆에서 되풀이된다. 그건 아마도 허울뿐인 존경이나마 그것을 갈구하는 사람이 여전히 존재하는 까닭이 아닐까.

식사가 끝나자 웨이터는 테이블을 말끔히 정리하고 공손한 인사와 함께 커피를 내놓는다. 레스토랑이나 카페에서 마시는 커피는 맛이 없다. 그것은 바리스타들의 책임이 아니라 순전히 내 문제다. 바리스타의 커피든 믹스커피든 저 홀로 목구멍을 타고 넘어가는 액체의 맛은 밍밍하다. 그것이 특정한 무엇과 조합을 이루어야 나의 뇌는 만족한다.

내가 커피에 주로 섞는 것은 글자다. 책을 읽거나, 인터넷을 검색하면서 글자들과 어울려 커피를 마실 때, 커피의 맛은 비로소 풍부해지고 읽을거리는 훨씬 더 흥미로워진다. 하여, 책을 읽다 감동적인 구절이 나오면, 그 울컥하는 감정을 증폭시키고 연장시키기 위해 빨리 커피 한 잔을 만들어 온다. 마음을 건드리는 음악을 들을 때도 커피 생각이 불쑥 솟구친다. 차를 타고 가다 근사한 풍경을 만날 때도 그렇다. 내면에 긍정적인 감정이 북받칠 때, 그것이 쉽사리 새나가지 않게 괴어 주는 기능이 나의 커피 잔 안에는 있다.

똑같은 모양의 탁자 위에 똑같은 잔을 올려놓고 무작위로 틀어주는 음악을 듣는 상업공간에서는 내 안의 감정에 집중하기가 어렵다. 자신을 위해서가 아니라 상대의 이야기를 들어주고, 함께 차를 마셔주기 위해 내 존재를 거기 앉혀놓을 뿐이다. 나의 맛있는 커피는 그곳에 없다.

소파에서 몸을 일으켜 레트로풍의 레스토랑을 빠져나온다. 웨이터가 문을 열어주며 정중하게 마지막 인사를 건넨다. 그 역시 때로는 누군가에게 그런 건조하고도 무거운 인사를 받을 것이다.

정원사 부의의 기억

지나간 일들, 그 중에서 사소했던 일들은 쉽게 잊어버리는 편이다. 남들도 그런 줄 알았지만 아니었다. 가족이나 친구들은 나와 얽힌 옛일을 소상하게 들춰내는데 혼자 까맣게 잊고 있는 경우가 많았다.

그들의 이야기를 듣고 고개를 갸웃거리며 머릿속을 이리저리 헤집고 나서야 하얀 스크린 위로 지난 풍경의 실루엣이 희미하게 떠오르곤 했다. 기억의 어두운 창고에 뒤죽박죽 널브러져 있던 유기된 추억들이 뿌연 먼지를 털고서 하나씩 부스스 일어나 앉곤 하던 것이다.

지난 일들을 서랍속의 옷가지처럼 계절별로, 종류별로 머릿속에 차곡차곡 개켜 두고 사는 이들의 삶은 단정해 보인다.

서로가 함께했던 기억들, 품이 작아 이제는 입을 수 없게 된 헌 블라우스나 바지 같은 그것들을 버리지 않고 잘 간수했다가, 한 번씩 무릎 위에 올려놓고 쓰다듬는 그 따사로운 눈빛을 보노라면, 여기저기 흘리고 다닌 통에 남아있는 소지품이라곤 몇 가지 되지 않는 초라한 내 마음의 서랍이 떠오르고, 그 속으로 한 줄기 썰렁한 냉기가 지나간다.

기억력이 좋아서 추억할거리가 많은 사람은 과거의 수다한 부분을 유실하고 살아가는 나 같은 사람에 비해 그 인생의 길이가 두 배로 길 것 같다. 기억을 간직하는 한, 그 기억의 양만큼 지난 시간은 사라지지 않고 언제나 그의 현재에 잇닿아 있는 거니까.

설령 그렇다 해도, 그것이 누군가에겐 축복이 아닐 수도 있다. 과거를 기억하는 일이 상처가 되는 삶. 중국의 마지막 황제 부의는 어쩌면 그런 사람이었다.

영화 <마지막 황제>를 봤다. 예전에 봤던 영화였다. 세공품처럼 미려한 느낌의 신과, 극심하게 부침하던 부의의 모습이 머릿속에 몇 컷 남아 있던 그 영화가 언제부턴가 꼭 한 번 다시 보고 싶었다. 늙은 부의가 입장권을 사서 텅 빈 자금성에 들어가는 장면이 나왔을 때, 그 영화가 왜 자꾸 보고 싶었는지 알 것 같았다.

1967년, 수억의 중국인들에게 자금성은 그들의 일상과는 괴리된 역사적 건축물이었다. 하지만 단 한 사람 부의에게는 그곳이 추억 가득한 '옛집'이었다. 유년의 나를 품고 키워주었던 집은 어떤 모양새의 집이건, 그 누구에게든 예외 없이 물기 어린 향수를 불러일으킨다.

지난 시절엔 사랑하는 사람들과 세상으로부터 자신을 유폐시킨 그 성을 광대하고 화려한 감옥이라 증오한 순간도 있지만, 생의 험난한 질곡을 다 겪은 노년에 다시 찾아와 마주선 자금성은 부의에게 순수한 추억의 장소일 뿐이었다.

시간이 지나도 여전히 강렬한 증오와 고통을 불러일으키는 기억은 추억이 되지 못한다. 태화전의 높다란 옥좌에 인민복 차림으로 앉아서, 자금성 관리인의 어린 아들에게 '내가 옛날 이곳의 황제였다.'고 말하는 부의의 표정에는 지난날 그를 아프게 했던 자금성에 대한 감정들은 휘발된 듯 보였다.

그러나 오랜 세월 뒤에 옛집을 돌아보는 그의 심경에는 회한이 가득했을 것이다. 지존의 지위를 잃고 정원사로 몰락한 자신과 달리, 유구한 세월동안 그래왔듯 여전한 위용으로 제자리를 지키는 자금성은 인생에서 결코 넘을 수 없었던 벽처럼, 늙고 초라한 부의를 또 한 번 절망하게 만들었을지 모른다.

자금성에서 그는 지난세월을 회억했을 것이다.

한때, 잔인한 현실의 기억을 감당할 수 없었던 부의는 죽음을 기도했다. 그러나 그는 살아남게 되었고, 9년간 수인으로 지냈다. 그 시간 동안 쓰라린 삶의 연명을 위해 과거에 대한 기억을 남김없이 쥐어짜내 진술하는 고통을 당해야 했다.

가족과 이별하고 황궁에 격리되어 살았던 유년 시절도, 결혼 생활도, 만주국 황제로서의 삶도, 어느 한 시기 슬픔과 절망 없는 시절이 없었지만, 그는 승자들의 역사 앞에 참회하기 위해 결코 기억하고 싶지 않은 순간마저도 낱낱이 기억해야 했고, 복원된 슬픔과 절망들을 기록해야 했고, 또 그것들을 스스로 부정하고 모욕하면서 끊임없이 자신에게 상처 주는 세월을 살아가야 했다.

말년에 부의는 감옥에서 작성했던 기록을 손질해 자서전 ≪나의 전반생≫을 펴냈다. 기억하고 반성해야만 하는 의무 때문에 아무 것도 잊을 수 없었고, 잊지 못한 탓에 각인되어 결코 소멸될 수 없었던 쓰린 기억들을 부의는 각혈과도 같은 한 권의 책으로 세상에 남겼다. 그 책 속에 모든 것을 쏟아버린 뒤에는 부디 그의 영혼이 기억으로부터 자유로워졌기를 바란다. 자금성으로 산책 나온 그날의 늙은 부의는 진정 모든 것으로부터 평온하였기를 바라본다.

추억의 모두를 간직한다는 게 누군가에겐 형벌일 수 있다는 생각을 다시 해본다. 쉽게 잊고, 분실해버리는 나 같은 사람의 부실한 기억체계가 상처 많은 영혼들에겐 행운일 거라는 생각도.

내 머릿속에 오늘 세밀하게 저장된 부의의 슬픈 지난날들. 그러나, 그것들은 얼마 못 가 다시 뿌옇게 먼지를 뒤집어쓰고, 빛이 바래고 뒤틀려서 잊힐 것이다. 아마도 그럴 것이다.

수혈기 輸血記

살아오는 동안 무수한 열상을 입었다. 칼에 베이거나, 날카로운 것에 긁히거나, 다른 여러 이유로. 손가락을 상했을 때, 살갗 밖으로 배어나오는 붉은 핏방울은 내 몸의 일부임에도 내 것이 아닌 것처럼 매번 낯설었다. 몸에서 분리된 또 다른 일부인 머리카락이나 손톱을 볼 때와는 비교할 수 없는 긴장을 유발시켰다.

해서는 안 되는 거짓말, 주워 담을 수 없는 거짓말을 늘어놓을 때의 돌이킬 수 없는 절망감이 항상 피와 함께 솟구쳤다. 뚫리지 말아야 할 성벽 같은 몸의 한 부분에 느닷없이 구멍이 나고, 그 파괴된 부분을 시작으로 마침내, 내 존재의 전부가 무너질 것 같은 공포를 솜으로 핏방울을 누를 때, 함께 꾹꾹 틀어막았다.

야채는 피를 흘리지 않아서 좋았다. 칼로 자르건 통째 갈건, 어느 경우에도 닭이나 고등어처럼 조리대를 지저분하게 만들지 않았다. 도마에 묻은 죽은 닭의 피는 닭의 도살된 욕망을 엿보는 것처럼 거북했다. 식욕, 또는 생식욕, 닭의 그 어느 욕망에도 더 이상 산소와 영양분을 공급하지 못하는 피는 닦아내기 성가신 점액질의 시뻘건 쓰레기일 뿐이었다. 야채처럼 피를 흘리지 않거나, 내 몸에 흐르는 것이 묽은 수액 같은 것이었으면 좋겠다는 생각을 이따금씩 했다.

헌혈을 하지 않은 건, 피가 아까워서가 아니었다. 내 몸의 일부가 다른 사람의 몸속에 들어가 타인의 일부가 된다는 것에 반발을 느꼈기 때문이다. 피를 나누는 것은 생명을 나누는 고귀한 행동이라지만, 여태껏 생산해낸 나만의 내밀한 추억과, 욕망과, 그에 더해 불순한 죄의 인자들까지 알지 못하는 누군가의 몸속으로 들어가 그의 것들과 섞이고 하나가 되는 것 같아 신경이 쓰였다.

할 수 있으면 수혈 또한 피하고 싶었던 것도 같은 이유에서였다. 그러지 못했던 건, 병원과 가족들의 의지에 반발할 용기가 없었기 때문이다. 누군가의 몸속에서 흘러나온 한 봉지의 붉은 피가 관을 통해 내 몸으로 흘러드는 것을 보는 일은, 물감이 잔뜩 묻은 붓을 새로 길어온 맑은 물속에 넣고 휘휘 저을 때처럼 곤혹스러웠다. 뚝뚝 떨어지는 핏방울들은 혈관이 아니라 내 입속으로, 내 혓바닥 위로 한 방울, 한 방울씩, 천천히 스며드는 것 같았다. 그럴 때, 내 몸이 그 피와 불화하거나, 아니면 그것에 완전히 잠식당할 것 같은 불안에 잠겼다.

그러나 걱정했던 일은 일어나지 않았다. 내 추억의 파일은 그 무엇에 의해서도 훼손되지 않았고, 내 기질에 미세한 작은 변화조차 느껴지지 않았다. 두 팩의 피를 더 수혈 받았지만 타인의 혈액은 순순히 내 세포 속으로 수용되었다. 몇 잔의 물이나 주스를 마셨을 때와 다름없었다. 발진도 가려움증도 없었다. 별것 아닌 오이 한 조각에도 두드러기가 돋곤 하건만, 그 검붉고 끈끈한 이물질에 대하여는 아무 저항도 표현하지 않는 자신이 놀라웠다.

하지만 타협한 것은 오직 몸일 뿐이었다. 내 정신은 많은 세월이 흐른 지금에도 내 속에 들어왔던 그 검붉은 혈액을 병실의 천장에 걸렸던 예전의 그 팩 속으로 끊임없이 역류시키고 있다. 그러고 보면 나의 몸은 내 정신에 비하여 얼마나 대범한 존재인가. 정신은 온갖 잡다한 규제를 내세워 번번이 허가에 크레임을 거는 융통성 없는 정부관리 같다.

헌책을 살 때면 수혈을 받을 때와 비슷한 기분을 느낀다. 헌책방 서고의 낡은 책들 하나하나가 누군가의 생애에서 빠져나온 피톨들 같다. 누군가의 정신을 한 바퀴 돌고나온 책을 사면 그 책 속에 그어진 밑줄과 메모까지 내 안으로 흡수되어 혈관 속으로 돌아다니는 듯하다. 넉 달이면 수명을 다하게 되는 피톨은 한 사람에게만 수혈될 수 있다. 그러나, 유통기한이 없는 헌책은 두 사람이나 세 사람의 몸을 통과하기도 한다. 그리고 다시 또 다른 누군가에게 건너간다.

기증되었지만 기증받은 자의 삶 속에 머물지 못하고 헌책방으로 배출된 책은 혈액에서 걸러진 오줌 같다. 책표지 바로 다음 장에 육필로 기록된 감사의 마음도 때로는 어젯밤에 먹은 순댓국처럼 우리의 내부에서 간단히 소화되고 배설될 수 있음을 느낀다.

누군가의 가족, 누군가의 연인에게조차 거부당한 나쁜 피가 가끔씩 내 속으로 흘러든다. 그러나 나는 그것들과 반목하지도, 불화하지도 않는다. 그것들의 의미들을 투석하여 세포 속으로 수용할 뿐이다. 누군가의 혈액으로 나를 채운 것처럼 누군가의 낡은 책으로 나의 또 다른 한 부분을 채울 뿐이다.

그는 오지 않을 것이다

한여름이면 외가 사랑채 흙담 밑 그늘진 곳에 수국이 피었다. 초록의 잎사귀 사이로 둥글게 벙근 청색의 수국꽃다발들은 싱싱했고 또 풍성했지만, 어쩐 일인지 나로 하여금 늘 슬픔을 느끼게 했다.

화사함과는 거리가 먼 꽃 빛, 우울한 정조의 어두운 푸른빛 때문이었을까. 사람들의 시선이 잘 닿지 않는 구석자리의 그늘을 골라서 은둔하듯 피던 모습 때문인지도 모르겠다. 어둑한 구름장 아래, 쏟아지는 빗줄기를 오롯이 맞고 있던 비 오는 날의 수국은 그 처연한 모습 속에 비장한 아름다움을 풍겼었다.

꽃 빛이 일곱 번 바뀐다고 해서 '칠변화'라는 별칭을 가졌고, 그 때문에 얻은 꽃말이 '변덕'이라지만, 그 모두 내가 아는 수국의 음전한 자태에는 어울리지 않는다. 애수나 비련, 뭐 그런 쓸쓸함이 느껴지는 단어들이 수국의 꽃말일 거라는 짐작이 틀어졌을 땐, 괜스레 심기가 불편했었다.

수국은 제 안으로 끊임없이 물기를 빨아들이는 꽃이다. 잠시라도 수분 공급이 끊기면 맥을 놓고 자지러진다. 사무실 화병에 꽂으려고 탐스럽게 핀 수국 꽃송이 몇 개를 잘라 갔었는데, 꽃을 싼 신문지를 풀어보니 30분 남짓한 사이에 그리 싱싱하던 꽃송이들이 기진한 듯 시들어 있었다. 수국의 수자가 '물 수'자라는 걸 그때 깨달았다.

외삼촌을 잃고 베옷에 굴건을 쓴 채 빈소에 앉아있던 외숙모는 어두운 푸른빛마저 모두 탈색된 새하얀 수국 같았다. 외숙모의 허리가 무너지지 않은 건, 끊임없이 생성되어 체구의 몇 배의 용적으로 내부를 팽창시키던 슬픔 때문인 것 같았다. 그러나 액화된 슬픔은 계속 몸 밖으로 빠져나가고 있었으므로, 머잖아 외숙모는 탈진해서 신문지에 싸인 수국꽃송이처럼 자부러질 것이었다.

외삼촌은 출장길의 숙소에서 잠자리에 들었다가 영영 깨어나지 못했다. 세상의 어떤 것으로부터도 떠나고 싶어 하지 않았고, 그럴 작정도 아니었지만, 에너지가 일시에 방전된 것처럼 자신의 의지와는 무관하게 생을 끝내고 말았다. 그리고 더 이상 외숙모에게 돌아가지 못했다.

외삼촌의 부고를 접했을 때 그 어처구니없는 돌연한 별세의 충격에 뒤미처, 홀로 남겨진 외숙모에 대한 안쓰러움이 가슴을 옮죄었다. 영정 앞에 절을 하고 그분의 별세를 사실로 받아들인 다음부터는 오로지 외숙모에 대한 연민만이 들끓었다. 집안의 결혼한 여자들이라면 다 마찬가지의 심정이었을 것이다.

결혼에는 예정된 이별이 전제되어 있고, 누구나 그걸 각오하고 결혼하지만 그 이별을 최대한 보류하고 싶은 것이 한결같은 심정이다. 오랜 세월 함께한 반려, 그것도 마음 깊이 사랑한 반려를 잃는다는 건 슬픔을 넘어 끔찍한 형벌이라는 걸 알기에, 무엇도 비교할 수 없는 그 두려운 현실에 맞닥뜨린 외숙모의 고통을 애통해하고 또 애통해했을 것이다. 어쩌면 모두가 조만간 자신에게도 닥칠 비극에 덧대어 비통해한 건지도 모른다.

첫아이를 낳은 뒤로 오랫동안 불안을 끼고 살았다. 출근하는 남편을 보내고 현관문을 닫을 때마다 남편이 다시는 이 문으로 들어오지 못하는 건 아닌가하는 두려움에 마음이 어두워지곤 했다. 그런 시간엔 내 머리가 온갖 부정적인 생각을 다 빨아들이는 블랙홀 같았다.

낮 동안 부산스럽던 아이도 잠이 들고 사방이 땅속처럼 고즈넉해지는 늦은 밤이 되면, 아이의 작은 요 귀퉁이에 누워서 다세대주택의 계단으로 올라오는 발자국 소리마다에 귀를 기울이곤 했다. 한 계단 한 계단, 천천히 밟지 않고, 바쁜 일이라도 있는 것처럼 언제나 급하게 솟구치는 구두 굽 소리가 들리면 세상을 다 얻은 것 같은 기쁨이 일었고, 입술의 양가가

절로 벌어졌다. 버릇처럼 서두르며 내 곁으로 돌아와 주는 그가 진정으로 고마웠다. 무덤을 열고 그 안에 갇힌 나를 밤마다 꺼내주는 이가 바로 그였다.

남편은 매일 돌아왔다. 아침을 못 얻어먹고 간 날도, 대판 싸움을 한 날도, 내가 아파서 집안이 엉망인 날도, 심지어 내가 집에 없는 날에도, 하루도 거르지 않고 꼬박꼬박 돌아왔다. 그의 성실한 귀가가 계속되자 내 불안은 조금씩 옅어져 갔다. 나중에는 그의 발자국소리를 기다리기보다 그전에 맘 편히 잠들어버리는 날이 많아졌다.

불안은 완화되었지만 이후로도 결코 사라지지는 않았다. 팔뚝에 숨은 점처럼 내 몸 어딘가에 항상 도사리고 있다가 때가 되면 되살아났다. 사소하게라도 남편과 헤어지는 순간이면 불현듯 그랬다. 길모퉁이에 나를 내려놓고 다른 곳으로 내처 운전해가는 그의 뒷모습을 바라볼 때도, 이 세상에서 우리 사이의 접점이 영영 지워지는 듯한 상실감이 밀려들던 것이다. 외숙모도 그랬을까.

장례를 끝내고 일상으로 돌아온 뒤, 잠에서 깨어난 아침마다 외숙모는 방문을 열고 거실로 나서기 전에 스스로에게 혼자임을 각인시킨다고 했다. 그는 이제 없다…. 그는 이제 없다…. 이 집 안 어디에도, 이 세상 어디에도, 남편은 존재하지 않는다는 깨닫고 싶지 않은 사실을 칼끝으로 생살 그어대듯 뇌리에 새기는 순간순간, 만신창이가 된 그 마음속에는 흥건하게 선혈이 흘렀을 것이다.

사십구재를 끝내고 외숙모가 곡기를 조금씩 넘기기 시작했을 무렵, 삶의 의미를 잃어버린 어느 남자가 스스로 세상을 버리는 일이 생겼다. 외숙모처럼 창졸간에 남편을 잃고 영결식장 한편에 적막하게 서 있던 그 부인의 수척한 모습도 물기를 잃어가는 수국 같았다.

서로에 대한 열병 같은 사랑으로 젊음을 지나고, 격류를 거슬러 오른 연어들처럼 늙고 지친 심신으로 이제 막 귀향한 부부는 얼마 지나지 않아 영별하고 말았다. 남편은 등산 갔다 오겠노라 해놓고 영영 돌아오지 않았다. 다시는 돌아가지 않겠다고 작심하고 떠나간 이의 아내가 추스르는 슬픔은, 돌아가기를 간절히 바랐으나 그럴 수 없었던 이의 아내가 겪는 슬픔과는 다른 것일까.

남편은 단 한번 투신함으로써 평안한 영면을 얻었지만, 그래서 셀 수 없이 많은 국화와 백합으로 치장된 장엄한 장례식의 주인공이 되었지만, 남편 보낸 죄인으로 그 영정 앞에 고개 숙이던 검은 상복의 아내는 하루에도 몇 번씩 허공으로 뛰어내린 남편의 고통을 되풀이하며 남은 생을 살아갈지 모른다는 생각이 들었다.

언제부턴가 저녁 어스름이 깔리면 불안해지고, 저녁에 아무도 없는 집안에 혼자 있는 게 견디기 힘들어졌다. 음악을 들어도,

책을 읽어도, 맛있는 음식을 먹어도 마음의 균열은 메워지지 않고, 산란해진 마음은 한곳에 모이지 않는다. 지척에 남편이 함께 숨 쉬고 있음에도 이런데, 만약 그가 없는 세상에 홀로 남겨진다면, 그때 내가 지나가야 할 어둠의 시간들은 얼마나 잔인한 성질의 것일지 두렵다.

땅거미가 지는 오후 무렵에 끝이 나는 영화를 봐선 안 된다. 그런 시각 극장 밖으로 나오면, 세상은 현실이 아닌 것처럼 턱없이 낯설어 보이고, 그 돌연한 세상에서 길을 잃은 미아처럼 감당할 수 없는 외로움에 사로잡히고 만다. 남편을 보내고 홀로 남는다는 것은 날마다 그런 감정에 아파해야 한다는 뜻일까.

톨스토이에게도 낮과 밤의 접점인 황혼 무렵은 힘겨웠는지 모른다. 소설 <전쟁과 평화>에서 전쟁의 부상으로 죽어가는 주인공 앙드레의 입을 빌어 그는 말했다. '가장 힘든 것은 황혼녘에도 살아있는 것'이라고.

문득, 혼자 가꾸는 세상의 정원에는 수국만큼은 키우지 않으리라는 생각을 한다.

오토바이 타는 여자

오토바이 타는 여자는 멋있다.

보석이나 모피로 치장한 여자는 오토바이 타는 여자에게 댈 게 못 된다. 세계회의장의 연단에 올라 유창하게 연설하는 검은 정장의 여류인사보다도 오토바이 타는 여자가 윗길로 근사할 때가 있다.

차를 타고 가다가 빨간 신호를 받고 정지선의 맨 선두에 대기하고 있는 그 여자를 창 너머로 보게 될 때면 갑자기 흡, 하고 숨을 멈추게 된다. 마치 인기 배우나 사회저명인을 만나기라도 한 것처럼.

추리닝이나 면바지, 티셔츠를 아무렇게나 꿰입고 운동화 혹은 플라스틱 슬리퍼를 신은, 그야말로 신경 쓴 데라곤 없는 차림의 그녀는 한쪽 다리를 도로 위에 척 뻗은 채 무심한 얼굴로 출발 신호를 기다리고 있다. 나는 그런 그녀를 향하여 마음속으로 환호를 보낸다. 차창 밖으로 종이를 내밀고 사인이라도 받고 싶은 심정으로 그녀의 위용을 열심히 훑어본다. 출발신호가 떨어지기 바쁘게 한 무리의 자동차의 대오를 이끌고 그녀가 달려 나간다. 그 거침없는 동작과 능숙한 균형감. 나는 또 한 번 탄성을 터트린다.

그럴 때의 여자에게서 그랜드 피아노 앞에 앉아 격정적인 연주를 펼치는 피아니스트를 떠올린다. 그녀는 활과 줄의 울림에 신경을 집중하고 있는 바이얼리니스트 같기도 하다. 내 눈에는 그 여자가 수많은 자동차와 사람들이 오가는 광장에서 한 대의 오토바이로 자신의 생을 연주하는 것만 같다.

오토바이 타는 여자라 해도 풀 페이스 헬멧에 스키니 바지를 입고 등에는 백팩을 멘 채로 오직 라이딩을 위해서 오토바이를 질주하는 젊은 여자는 덜 멋있다. 그런 여자는 매력적이긴 하나 그 포즈에는 가식이 묻어있다. 나에게 감동을 주는 여자는 멋을 부리거나 취미 삼아 오토바이를 타지 않는다. 그녀는 BMW 같은 명품 바이크와는 거리가 멀다. 메이커도 짐작하기 어려운 50cc나 100cc급 낡은 스쿠터를 몬다. 엉성한 헬멧조차도 생략하기 일쑤다. 안장에 올라앉은 그녀는 팔뚝이 실하고 뱃살이 넉넉하게 겹쳐진 중년의 아줌마다.

몸이 무겁고 동작이 굼떠 빠른 거라곤 입밖에 없는 여느 아줌마들 사이에서 언제고 원하는 대로 일사천리의 스피드를 낼 수 있는 그녀는 단연 돋보이는 존재다. 오토바이에서 내리면 보통의 중년여자로 돌아갈지 모르지만 적어도 오토바이 위의 그녀에겐 젊은 여자들도 갖지 못한 담력과 기민함이 넘쳐흐른다. 안전벨트도, 별다른 보호 장치도 없는 두 바퀴 원동기로 수천cc 자동차들의 거친 흐름 속을 넘나들며 달리는 그녀가 발산하는 당당한 아우라가 내게는 광안리 일출의 햇살보다 눈부시다.

달리다가 자칫 넘어지기라도 하면 참변을 당한다는 걸 잘 알 것이다. 그러나 보는 것만으로도 위태로운 두 개의 바퀴 위에서 여자는 두려움과는 거리가 먼 얼굴이다. 나로서는 아무리 해도 얻을 수 없는 그 두려움에 대한 초연함은 자신의 능력에 대한 강한 확신에서 비롯된 것이 분명하다.

오토바이 타는 여자의 그 흔들림 없는 자기 신뢰. 그것을 생각하면 누가 불방망이를 확 던진 것처럼 가슴이 뜨겁다. 한 번도 스스로에게 그런 믿음을 가져본 적이 없어서 초라한 나는 그녀가 존경스럽다.

그녀의 오토바이 뒷자리에는 음식배달통이 올려져 있다. 삶의 어떤 부분이 안전벨트도 맬 수 없는 오토바이에 앉아 거리를 달리도록 그녀를 부추겼는지 모르겠으나 거칠고 위험한 오토바이를 맘대로 부리듯, 녹록치 않은 생활도 그녀, 피하지 않고 호쾌하게 감당하는 중임을 안다.

새벽 한 시 반. 집 앞 도로를 달려가는 오토바이의 굉음이 거실 창으로 날아든다. 젊고 날렵한 남자와 한 몸이 된 오토바이를 습관적으로 떠올렸다가 후딱 지운다. 어쩌면 그 오토바이에는 이 한밤에도 배달을 위해 수영 2호교를 달려가는 족발집 아줌마가 타고 있을지 모를 일이다.

어머니의 신神

어느 작가는 인간의 욕망을 두고, 우리들이 숭배하는 또 하나의 신이라고 했다. 욕망을 가슴 한복판에 올려놓고 욕망이 지배하는 대로 삶을 살아가는 인간의 모습을 생각하면 그것은 분명 날카로운 통찰이다. 고결한 욕망, 퇴폐적인 욕망, 부질없는 욕망, 수많은 욕망의 신들을 섬기며 한 생을 떠도는 우리들. 어쩌면 기독교의 신이나 불교의 신, 이 세상 모든 종교 위에 군림하는 신들 역시도 신의 존재를 염원하는 인간의 뜨거운 욕망이 만들어 냈는지 모른다.

우리 토속 신 중의 하나로 식신食神이 있다. 국어사전에는 '음식을 맡고 있다는 신'이라고 극히 짤막하게 식신을 정의하고 있다. 음식을 '맡고 있는'이 아니라, '맡고 있다는'이라고, 누가 그 카더라 식의 불성실한 설명은 두루뭉술하고 모호하다. 식신의 내력이나 신격이 어떠한지를 알기는 어렵다. 그 신에 대한 경전 또한 없기 때문이다.

여든의 내 시어머니는 식신이 보기에 참으로 경건한 사람일 것이다. 음식을 맛나게 요리하는 손끝과, 무엇이건 달게 여기는 혀와, 소화시키지 못할 것이 없는 튼실한 위장을 갖고 있는 그분은 무엇보다 음식을 성물처럼 대한다. 밥알 한 알, 양념 한 방울에도 신성神性이 깃들어 있다고 여기는 듯하다. 신성이 깃든 그것을 한 조각이라도 소홀히 하거나, 쓰레기통에 버린다는 건 어머니의 가치관으로는 용납되지 않는다.

대파를 다듬을 때, 뿌리 부분이나 시든 잎을 아끼지 않고 뭉텅 잘라버리는 나와 달리, 어머니는 뿌리께의 털을 살살 뜯어내는 정도로 손질을 마친다. 잎사귀도 마찬가지다. 내가 과일을 깎을 때도 껍질을 너무 두껍게 벗겨낼까 봐 손에서 눈을 떼지 못하고 노심초사다. 식재료를 다듬는 과정에서도 버리는 게 거의 없는데, 하물며 양념하고 조리해서 살뜰하게 만들어낸 음식을 오래됐다거나, 식상하다는 이유로 먹지 않고 폐기한다는 건 어머니의 부엌에서는 상상할 수가 없다.

사실, 고되게 일해도 변변히 배를 채우기 어렵던 시절을 겪어낸 윗대 어른들은 음식물에 대해 특별한 애착을 가질 수밖에 없다. 먹을거리의 부족이 얼마나 큰 고통이며 비극인지 몸으로 체험해낸 그들이기에, 풍요로운 오늘에도 한 점의 음식은 중히 여겨야 할 대상이다. 그렇더라도 어머니의 음식에 대한 유별난 향념을 지켜보자면 외골수적 추종과 고통스런 수행을 집요하게 실천하는 열성 종교인을 연상하게 된다. 어머니가 숭배하는 신, 그 신은 분명 식신일 것이라고 나는 남몰래 믿고 있다.

식신의 신도인 어머니의 유자차 시음법은 찻물을 다 마신 뒤, 잔 속에 남은 유자껍질까지 남김없이 숟가락으로 건져 먹는 것이다. 그거야 대수롭지 않다. 그러나 다른 가족들의 찻잔에 남겨진 차갑고 싱거운 껍질들, 단물이 다 빠지고 섬유질만 남은 흐물거리는 껍질까지도 모조리 긁어먹는 모습에 이르면, 과연 식신의 계율을 준행하기 위해서는 저런 악착같음이 있어야 하는 것인가 싶어진다.

어느 아침엔가 어머니는 부엌마루에 앉아 나물을 무치고 있었다. 양푼 안의 것을 무쳐내고 일어날 시간이 지났는데도 어머니는 한참이나 고요히 앉아서, 양푼 주변에 떨어진 무언가를 일일이 손가락으로 찍어 입에 넣는 거였다. 동작은 진지했으며 천천히 반복되었다. 도대체 입에 넣는 게 뭔가 궁금해서 들여다봤다. 그것은 무치는 도중에 양푼에서 튀어나와 마룻바닥으로 떨어진, 고춧가루 입자만 한 자디잔 모자반 이파리들이었다. 너무 미세해서 손톱으로 집기도 어려운 것들. 어머니가 그것을 손가락 끝에 침을 발라 누른 다음, 찍어 올려서 혓바닥에 척 바르는 모습은 보기가 민망하고 난처했다. 나는 당장에 만류했으나, 어머니는 흔들림이 없었다. 종교의식이라도 치르는 듯 끝까지

경건하게 그 일을 완수해냈다.

바닥에 떨어진 것은 오염되므로 먹어서는 안 되는 것이다. 걸레로 훔치고 말아야 했다. 그러나, 어머니가 걸레로 훔쳐야 할 것이 귀찮아서 그러는 게 아니라는 것은 알고 있었다. 버려야 할 자잘한 이파리까지도 아까워서 목구멍으로 삼킨다는 것을 알았다. 하지만 아무리 음식을 아낀다 해도, 저건 아끼는 게 아니라 집착이다 싶었다. 저토록 음식에 연연해하니 평생 뚱뚱한 몸집을 못 줄이고 사는 거다 싶었다. 복부에 두르고 있는, 두툼하게 골이 진 어머니의 살덩이들이 내 망막 안에서 출렁거렸다.

하지만 별로 맛있지도, 배부른 것도 아닌 야채 조각들마저 한 점 남김없이 먹는 이유를 그저 집착이나 식탐으로 설명하기엔 부족했다. 어머니의 행동을 납득하고자 애쓰던 나는 결국 그것이 어머니의 신앙이라고 이해하기로 했다.

어머니에게 있어 음식이라 이름 붙은 것은 무슨 일이 있어도 사람의 몸속으로 들어가야 하는 것, 모든 음식물은 그냥 버려서는 안 되는 것, 일단 사람의 몸을 통과한 다음에야 마침내 버려지는 것이었다. 평생을 통해 섬겨온 식신의 가르침을 어머니는 그렇게 따르고 있는 듯했다.

얀 마텔의 소설 ≪파이 이야기≫의 주인공 파이는 구명보트를 타고 육 개월 동안 태평양을 떠도는 고난을 겪었다. 식량이 바닥났던 표류 막바지에는 운 좋게 거북을 포획하면 눈알과 내장까지, 등껍질만 빼고는 모조리 먹어치웠다. 파이가 그 날

것의 고기를, 인간들이 혐오하는 부분까지도 남김없이 먹었던 건 음식에 대한 철학 때문이 아니었다. 극도의 굶주림 때문이었다. 그러나 내 어머니를 통제하는 것은 기아가 아니었다. 온갖 풍요로운 요리에 둘러싸여 있어도 자신의 신념 때문에 어머니는 바다거북의 그 무엇도 포기하지 않을 것이다.

그러니, 어머니 몸속의 살은 계율을 엄격하게 실천하는 과정에서 쌓인 것들이다. 식욕이 당겨서 먹었기보다는 버릴 수 없어 자꾸만 몸속으로 디밀어 넣은 음식물들. 식구들이 먹기 싫어했던 찬 밥덩이, 접시에 남은 생선대가리, 오래되어 질겨진 미나리나물들이 꾸역꾸역 어머니의 뱃속으로 들어간 결과였다.

음식은 날이 갈수록 어머니에게 거룩한 것이 되어갔다. 사실, 식신에겐 따로 경전이 필요 없다. 세상의 모든 음식물이 곧 그의 경전이므로. 식신의 독실한 숭배자인 어머니는 하루 종일 경전을 매만지고 들여다보며 경외하고 찬양했다. 오래된 광목 상보의 빛깔로 바래어 가는 늙은 어머니의 관심사는 오늘날 온통 음식이다. 음식에 대한 강연과 음식에 대한 각종 TV프로그램을 섭렵한다. 음식이 우리 몸의 질환을 어떻게 치유하며, 허약을 어떻게 보강해주는지에 대한 강연을 주도면밀하게 듣고서, 그렇게 얻은 지식과 정보를 끊임없이 자손들에게 설파한다. 어머니는 종교의 전도활동에도 그토록 열심이다.

언제던가, 저 신심 깊은 어머니가 혹시 식신의 현신일지도 모른다는 생각을 가만, 해본 적이 있었다.

임을랑포

무더위는 흡사 진창 같았다. 그 속에서는 한 발자국을 떼기도 숨이 찼다. 열기에 맞서고 그것을 이겨내느라, 오직 그것에만 안달하느라 여름내 다른 생각을 할 겨를이 없었다. 우울해질 틈도 없었던 것 같다.

어느 아침, 집을 나서니 세상이 달라 보였다. 산도 저만치 뒤로 물러나고 아파트 주차장도 훨씬 넓어보였다. 지구의 부피가 늘어나 풍경이 확장되었을 리는 없었다. 풍경 속에 도사리고 있던 무언가가 모르는 사이 사라진 때문일 것이다. 사라진 것이 내어놓은 빈 공간은 꽤 컸다.

포도를 걸어가는 발걸음도 한결 가벼웠다. 내 몸에 가해지는 지구의 중력이 5퍼센트쯤 줄어든 기분이었다. 업은 아이를 내려놓거나 머리에서 무거운 짐 보따리를 내린 직후의 그 홀가분한 느낌이 척추를 타고 발꿈치로 재빠르게 흘러내렸다.

'이상하다. 왜 이런 거지?'

길에 멈춰 서서 가만히 들숨을 쉬어보았다. 대기 속에서 묽은 사이다의 향이 풍겼다. 날숨을 깊이 내쉬는 동안 문득 깨달았다. 가을이었다. 계절이 바뀌고서야 알게 되었다. 더위, 그것은 몹시도 무거운 것이었다는 걸. 지상의 틈이란 틈, 존재와 존재의 간격마다 촘촘하게 더위가 파고드는 동안, 세상은 많이 비좁고 답답했었다.

그러나 계절은 너무 급하게 바뀌었다. 여름이 더위를 몰고 사라진 자리는 무엇으로도 채워지지 않은, 그리고 무엇으로 채워야할지 모를 크고 작은 공동空洞투성이었다. 세상에는 그 갑작스런 공동 때문에 혼란스러워하는 사람들이 생각보다 많았다. 뜯어내도 한사코 달라붙는 떼쓰는 어린것 같았던 여름날의 무더위. 그 성가신 대상을 잃어버린 사람들의 품은 문득 허전했을 것이다. 드넓은 구멍 속에 혼자 남겨진 기분이 들 때야 비로소 깨닫게 된다. 여름은 적어도 우리를 외롭게 만들지는 않았었다고. 여름의 가장 큰 미덕은 그것일 것이다.

가을이 시작되었을 때 임랑으로 갔다. 여름 뒤에 남겨진 내 안의 구멍을 바다로 채우고 싶었는지 모른다. 왜 꼭 바다여야 했을까. 아마 이유도 없이 특정한 음식이 먹고 싶어지는 날에 그것을 먹으려고 애쓰는 것과 같은 이치였으리. 그날 내 마음은 아주 오랜만에, 그리고 뜻밖에도 바다로 가기를 원했다. 그러나 세련되게 다듬어진 도회의 바다는 아니었다. 해변 귀퉁이에 아직도 비린내 나는 목선과 그물들이 널려있는 바다, 카페 대신 백사장 입구에 자판기 한 대가 널판 지붕을 이고 서 있는 그런 바다가 그리웠다. 임랑으로 가기로 작정했던 건 아니다. 그냥 동해의 어느 해변이라도 괜찮다고 생각했을 뿐.

기장을 지나 일광으로 들어서면서부터, 도로 아래에 푸른 바다가 차오르기 시작했다. 바다는 길과 함께 달리다가 이따금 야산이나 마을과 마주치면 급히 그 바깥으로 달아났다. 참을성 있게 목을 빼고 차창 밖을 내다보면 어느 모퉁이에선가 다시 흰 포말을 뿌리면서 반짝이는 푸른빛으로 바다는 다가서곤 했다.

일광, 월래를 지나는 좁은 도로는 언제 적에 생겨났는지 모르겠지만 참 오래되었다. 길은 그대로지만 길가 해묵은 풍경은 귀퉁이에서부터 조금 조금씩 변해간다. 파밭, 경로당, 허술한 구멍가게들 사이에 번듯하게 잘 지은 건물들이 하나씩 들어선다. 이 길가 오래된 풍경에 낯선 것들이 끼어든다고 투덜대는 건 이기적이다. 사람 다니는 길, 사람 사는 마을에 변화가 생기는 건 건강한 일 아닌가. 급변하는 요즘 세태를 생각한다면 아직도 원형 대부분을 간직하고 있는 이 길에 대고 내 추억은 감사해야 한다. 이인승의 낡은 코란도는 기어를 바꿀 때마다 덜컹댄다. 구도로를 달리기에 딱 제격인 차다.

나지막한 슬레이트집 지붕들 사이로 분할된 바다의 조각들이 보였다. 지나칠까 하다가 이 길을 지나는 동안 한 번도 바다의 저 부분에는 다가간 적이 없다는 생각에 골목 안으로 들어갔다. 방파제와, 그리 길지 않은 백사장을 거느린 바다가 그 끝에 있었다. 가을 오후 순하고 청명한 햇살이 마침 그 바다 위로 한량없이 쏟아지고 있었다.

지난여름 수많은 인파가 바다를 찾았지만 나는 뉴스의 행간을 통해서만 바다의 기별을 들었다. 여름이면 바다는 털옷이나 난로처럼 내게 기피 품목이 된다. 사람들로 북적이는 여름 한낮, 직사광선과 구릿빛 나신들에서 분출된 열기로 뜨겁게 끓어오른 그 바다에는 다가갈 엄두가 나지 않는다. 수영복을 챙겨서 여름바다에 가는 사람들은 강건한 사람들이다. 불볕과 소금기와 요동치는 파도조차 능히 즐거움으로 삼을 수 있으려면 심신이 고루 튼튼해야 할 것이다. 나 같은 유약한 이는 해수욕객들이 다 빠져나간 뒤에야 어울리지도 않는 굽 높은 구두를 신고 주춤주춤 해변의 백사장에 발을 들인다.

가을 녘의 임랑은 한바탕 끌탕을 하고난 여자처럼 가라앉아 있다. 톤 다운 된 물빛이 조용하고 차분하다. 물빛뿐이 아니다. 이 바닷가 마을의 많은 색깔들 중에 특별히 도드라지는 것은 없다. 세월과, 해풍과, 일광에 비슷한 톤으로 바래인 색들은 저희끼리 조화를 이루어 질박한 해변 풍경을 만들어 낸다.

백사장 위쪽으로 난 시멘트 도로는 차 한 대가 간신히 지나갈 만큼 좁아서 목재를 덧대 폭을 넓힌 부분도 있다. 간간이 차들이 지나기도 하지만 대개는 한적해서 산책하기에 좋다. 도로 안쪽에는 수십 년은 족히 되었을 낡은 단층집들이 연이어져 있고, 집들 사이에 큰길로 이어지는 골목이 몇 군데 나 있다. 기교라곤 없이 투박한 집들의 외관은 허름하지만 주인의 부지런한 손길 탓에 열린 대문 안이 다들 정갈하다.

좁다란 도로 가장자리에 가로등이 쭉 늘어서 있다. 가로등 덕분에 단조로운 마을 풍경이 운치 있어 보인다. 저녁이 되어 허공중에 환하게 켜진 등불이 백사장과 길 위의 집들을 비추면 밤의 풍경은 달력 속처럼 아늑할 것이다.

아담한 어느 집 마당의 평상에 이 마을이 고향일 것 같은 안노인 두 분이 나란히 앉아 바다를 내다본다. 외지인들이 끊임없이 찾아들어선지 낯선 사람에게 건네는 노인들의 눈길에 경계의 기색이 없다.

구두에 밟히는 백사장의 모래는 꽤 찰지다. 모래 위를 걸어 보는 것이 얼마만의 일인가. 이따금 광안리나 해운대를 찾았었다. 거기선 찻집 유리창으로 수평선을 바라보거나 산책로를 걷는 것이 고작이었다. 신발 속에 모래가 들어가는 것도 성가셨지만, 어디선가 공수해온 모래들로 채워진 백사장은 굳이 걷고 싶은 마음이 나지 않았다. 바닷물에 가까워질수록 입자가 보드라워지고 파도 아래로 몽돌들이 흐벅지게 박힌 여기 모래밭은 억지로 조성한 사장 같지는 않다. 파도에 쓸릴 때마다 수많은 모래알들이 끊임없이 서로의 몸을 비벼댄다.

—나는 속이 푹 썩은 사람이 좋아.

구두 끝에 닿지 못하고 거품과 함께 쓸려가는 물결 속에서 불쑥 그렇게 말했던 사람의 쓸쓸한 말투가 떠오른다. 그냥 지나치듯 중얼거렸을 뿐인데, 그 사람의 그 말 한마디가 이상하게 내내 맘에 맺혀 있었다. 사는 일에 많이도 지쳐있던 그이를 위로해줄 만한 사람은 속이 짓무르고 곰삭은 사람이라야 했을 것이다. 그 말을 들었을 때 나 역시도 그런 사람이 그리웠었다.

일상의 마지막 버스가 출발할 때
가끔은 나를 향해 흔들리던
창밖의 손 하나가 그립다

그 손을 떠난 뒤로는
창 안의 것들을 향해
언제나 내가 손 흔들고 있었다

세상의 이편에서 벼랑을 건너가듯
버스에 올라도
아무도 나와 헤어지는 사람은 없다

창밖의 손 하나와
애달프게 이별하고 싶은 밤이 있다

—졸시, <귀로의 정류장>—

어느 방향에선가 계속 금목서 향기가 날아오고 있다. 이 바닷가에 처음 도착했을 때부터 그 달콤한 향기를 맡았었다. 누구네 집 마당에 콩알 같은 주홍의 열매를 주렁주렁 매단 금목서 나무가 서 있나 보다. 갯가에는 어울리지 않는 나무고 어울리지 않을 법한 향기지만 이 가을 임랑 해변에서는 어색하게 느껴지지 않는다. 어쩌면 무엇을 갖다놔도 오늘 여기, 이 풍경 속에선 겉도는 일이 없을 것 같다.

가을이 시작될 때 동해가 시작되는 곳으로 왔다. 나무처럼 한 자리에 머물지 않고 바다로 떠나오기를 잘했다. 옛날에 임을랑포라고 불리웠던 이 바다마을은 또 남해가 시작되는 곳이기도 하다. 코란도를 되돌려 오늘 하루만큼 가을이 깊어 있을 남해로 다시 향한다.

눈길

당리동을 떠나기 사흘 전에 많은 눈이 내렸다.

창밖으로 보이는 모든 풍경의 표면 위에는 눈이 쌓여 있었다. 세상의 가장 낮은 곳으로 제 몸을 흘려보내는 비와 달리, 눈은 내리는 대로 최초의 착지점에 차곡차곡 쌓였다. 경사 심한 가팔막에서조차 눈의 입자들은 서로의 손을 꼭 잡고 놓지 않았고, 그래서 시간이 갈수록 설층은 더욱 두툼해졌다. 그 덕에 보드랍고 폭신한 하얀 극세사 담요 한 채를 온 동네가 다 같이 덮을 수 있었다.

종아리까지 쌓인 눈은 걸을 수 있는 것들에게만 몸을 내주었다. 순하고 연약한 것, 손가락으로 문지르면 금방 녹고 마는 얼음가루가, 바퀴달린 힘센 것들에겐 한사코 맞섰다. 설마, 하고 길에 나온 자동차 몇 대가 낙상으로 뼈를 다친 사람처럼 눈 속에 우두커니 주저앉아 있었다. 그날은 우리 동네 누구도 짜장면을 시켜먹을 수 없었고, 마을버스를 탈 수도 없었다. 상황이 어떻든 나는 도시의 반대편으로 건너가야 했다. 두툼한 양말과 운동화를 골라 신고 눈길을 나섰다.

익숙하던 차도와 인도, 인도와 화단의 경계가 눈 때문에 지워지고 없었다. 어떤 색깔, 어떤 형태로도 분할되지 않은 땅 위의 백색 공간이 문득 당혹스러웠다. 걸음을 멈춘 채, 눈 속에 묻힌 인도를 가늠하려고 애썼다. 눈이 지워버린 사물들의 경계를 복원하려 애를 썼다. 경계에 길들여진 나는 모든 경계가 사라진 세상이 문득 불안했고, 그래서 보이지 않는 경계에 자꾸만 신경을 쓰면서 갓길 쪽으로 조심히 발을 옮겼다.

흰 눈으로 덮인 차도는 가도 가도, 텅 비어있었다. 차들이 모두 반신불수가 된 날이었으므로 당연한 일이었다. 널따란 도로 가운데로 비칠거리며 올라오는 차 한 대 없는데도 거동하지 못하는 차들에게까지도 그 너른 길을 다 양보하고 도로 가장자리를 따라 옹색하게 내려가는 자신을 문득 깨닫게 되었을 때, 울컥 분이 났다. 규칙이라는 관념의 고삐에 순응하고 사느라 경색돼버린 내 사고가 한심했다.

걸음을 옮겨 도로 한복판으로 들어갔다. 이 동네에 들어와 십 년 가까이 살면서 차도 복판을 걸어보기는 처음이었다.

평소 같으면 쉴 새 없이 차들이 달리는 길을 독차지하고 걸었다. 금방이라도 등 뒤에서 경적이 울릴 것 같았지만 그런 일은 생기지 않았다. 마주 오는 사람을 위해 번번이 어깨를 오그려야 하는 인도, 그 좁은 길과는 비교할 수 없이 차도는 넓었다. 자동차들의 눈치를 살피며 도로를 횡단할 일도, 다그치듯 빵빵거리는 경적소리에 허둥거릴 일도 없어 속이 시원했다. 나를 방해하는 것은 아무 것도 없었다. 그러자 무슨 대단한 권력자라도 된 듯한 기분이 들었다. 그랬다. 그 하루, 나에게 생각지 못한 권력을 부여해준 것은 '눈'이었다.

온통 눈으로 뒤덮인 길 복판에서 기분이 몹시 유쾌해진 나는 와타나베 히로코가 그런 것처럼 "잘 지내시는가요?" 하고 외치고 싶었다. 하늘을 향해, 연락이 끊어진 옛 친구를 향해, 중1때 내 뺨따귀를 갈겨댄 못된 수학선생에게 큰소리로 외치고 싶었다.

마을 아래로 내려왔을 때, 차도에는 지하철역 방향으로 걸어가는 사람들이 많았다. 차들이 달리던 길을 사람들만 왁자하게 걸어가는 광경은 진풍경이었다. 보통 때 같으면 자가용을 타고 누가 누군지도 모른 채 각자의 목적지로 달려가던 사람들이 차 밖으로 나와, 어깨를 나란히 한 채 걷고 있었다.

문득, 먼 옛날 모든 길의 중심에는 오늘처럼 사람들이 있었다는 게 생각났다. 그들에겐 길 복판으로 다니는 것이 당연한 노릇이었다. 빠르면 빠른 대로, 느리면 느린 대로, 자신을 다른 지역으로 교통시켜주는 것이 바로 자기 자신이었기에, 다른 무엇에도 빚진 것이 없었던 사람들은 거리낌 없이 큰길의 복판을 걸었다. 좀 더 빨리 이동하고, 좀 더 편해지기를 자동차에게 부탁하고 그것의 대가로 길을 내어준 우리들은 결국 모든 길의 주인이 된 차를 피해서 늘 헐떡거리며 길의 가장자리로, 끄트머리로 비켜서고, 달아나고 있는 것이다.

당리동 전 차도를 차지하고 행군하는 사람들이 이 날만큼은 자동차로부터 길을 되찾은 시민군 같았다. 길 복판을 걸어가는 동안, 내 존재를 점점 더 충만하게 하고, 당당하게 해주는 더운 기운이 가슴에 차오르는 것에 놀랐다. 걷는 것이 신명나고 즐거웠다. 혼자 걸을 땐 멀기만 하던 길이 언제 다 걸었나 싶게 금방 끝이 났다.

마그네슘을 뿌리고 장비를 이용해 눈을 긁어냈어도 간선도로는 거의 마비상태였다. 버스정류소 전광판에는 내가 탈 작정인 화명동행 버스가 80분 뒤에 도착한다는 안내문이 떠있었다. 사흘 뒤 이삿짐을 싣고 당리동을 떠날 때도 눈은 그때까지 다 녹지 않고 길 위에 남아 있었다.

킹카

현행 천 원인 버스요금을 칠십 원이라고 발언해 물의를 빚었던 부유한 국회의원이 있다. 평생 자가용만 타고 다녔을 그에게서 어쩔 수 없는 정서적 괴리감이 느껴졌다. 평범한 사람이라면 누구나 넘치게 가지고 있을 버스에의 추억. 그에게는 그런 추억이 없겠구나, 그런 추억이 없는 사람도 있는 거구나, 하는 생각이 들었을 땐 기분이 묘했다.

비 오는 날. 사람들의 체취와 습기가 뒤범벅된 꿉꿉한 버스 속에서 어느 아줌마의 소소한 일상사가 소개되는 라디오를 들으며 강변도로의 붉은 접시꽃들을 바라보며 가는 노정에도 미덕은 있는 법이다. 기억의 저변에 그런 눅눅한 추억의 풍경이 없는 사람의 인생은 역설적이게도 삭막해 보인다.

요즘도 하루 네 번씩 버스를 갈아타는 날이 있지만, 나는 전대를 찬 안내양이 버스 안을 돌아다니며 요금을 걷던 시절부터 버스를 탔다. 그때는 운전석 옆에 너덧 사람이 앉아 갈 수 있는 커다란 엔진박스도 있었다. 자가용을 가진 사람이 드물었고 지하철도 없던 시절, 버스는 언제나 사람들로 초만원이었다. 그런 북새통 같은 버스 틈바구니에는 운전기사의 눈총을 받으며 올라온 큼직한 짐 보따리들까지 늘 몇 개씩 놓여있었다.

승객들로 미어터져서 개문발차하기 일쑤였던 러시아워의 버스. 안내양이 있던 시절엔 그녀들이 버스의 발판에 버티고 서서 배와 가슴으로 승객들을 안으로 떠밀어 넣었다.

안내양들이 사라진 뒤의 어느 등굣길, 만원 버스를 탔다가 하마터면 변을 당할 뻔했다. 가장 늦게 승차를 한 나는 사람들 때문에 문을 닫지 못하고 출발한 버스의 문간에 간신히 붙어 있었는데 버스가 코너링하며 달릴 때 내 쪽으로 쏠린 사람들의 무게에 떠밀려 길바닥으로 튕겨나갈 뻔했다. 몇 초만 더 사람들의 압력이 지속되었다면 나는 책가방 때문에 한 손으로 잡을 수밖에 없었던 천장의 봉을 놓치고 말았을 것이다. 그 경험 이후로 가냘픈 체구의 안내양들이 얼마나 위험한 상황에 내몰리며 일해야 했는지를 깨닫게 되었고, 그들의 노고에 뒤늦게 감사하게 됐다.

요금을 받고, 문을 여닫고, 정차할 정류장이름을 예고하던 안내양이 퇴장하고부터 안내양의 기능을 대신할 시스템들이 버스 안에 속속 생겨났다. 문은 자동개폐문으로 바뀌었고,

정류장을 알려주는 방송이 흘러나온다. 기사 혼자서도 요금을 수납할 수 있도록 요금함에 토큰을 넣는 제도가 실시되더니 전자카드 결재 방식으로 바뀌고, 근래 들어 환승제가 시행되고 있다. 얼마 전부터는 버스 앞머리의 번호판도 전광판으로 바뀌어서 심한 근시인 나도 버스번호를 식별하기가 편하게 되었다. 변화와 진화를 거듭하는 시스템 때문에 버스 타기가 지루하지 않다. 은근히 또 어떤 변화가 생겨날지 기대가 될 지경이다.

지난 시절의 만원 버스에서는 앉아 가는 사람들이 무조건 서 있는 사람들의 짐을 들어줬다. 들어줄까 말까 묻지도 않고 빼앗다시피 채어다가 무릎 위에 올렸다. 등하교 때면 좌석에 앉은 사람들의 무릎에는 중고생의 군청색 책가방이나 대학생의 시커먼 공공칠가방이 서너 개씩들은 좋이 쌓여 있었다.

수업시수대로 챙긴 교과서와 공책, 참고서 등속 외에 도시락까지 넣고 다닌 불룩한 책가방은 사실 만원버스 속에 들고 있기에는 너무 무겁고 거추장스러운 물건이었다. 누군가 그걸 받아주면 고맙긴 하지만 가방이 뉘어져 도시락 반찬의 국물이 새어나오기 십상이어서 마음 졸이기도 했다.

요즘은 앉은 사람이 선 사람의 짐을 들어주는 모습을 거의 볼 수 없다. 책들을 학교 사물함에 두고 다니는 중고생들은 다들 헐렁한 백팩을 메고 다닌다. 예전처럼 무거운 짐 보따리를 들고 다니는 사람들은 별로 없다. 도시 사는 자식 갖다 주려고 농사지은 작물들을 이고지고 버스에 오르던 시골할머니들도 요즘은 택배로 간단하게 짐을 부친다. 상인들은 거래처에 주문한 소소한 물건까지 다들 배달로 받는 세상이다.

연만한 어른 중에는 예전에 하던 습관대로 가벼운 쇼핑백이라도 굳이 받아서 무릎 위에 놓고 가는 분이 있다. 복잡한 버스 속에서 모두가 힘겹게 부대끼고 또 그 와중에 서로 배려하며 살았던 기억 때문에 앞에 서 있는 사람의 조그만 종이가방 하나도 외면하지 못하는 것이리라.

손수건이나 볼펜, 심지어 신문까지 들고 올라와 물건을 팔던 행상들이나 껌팔이들의 모습도 사라진 지 오래고, 버스만 탔다 하면 흘러나오던 뽕짝, 트로트 메들리를 요즘은 통 들을 수 없다. <사랑의 배신자>라는 노래는 참 지겹게도 들었다. 트로트 세대의 기사들이 대거 퇴진하고 교체된 신진 기사들은 음악적 기호가 사뭇 다르다. 팝송을 즐기며 자란 세대이기 때문이리라. 내가 이용하는 마을버스의 기사 가운데는 클래식 음악방송을 틀고 다니는 분도 있다. 각자 mp3를 소지한 요즘 승객들은 차내에 무슨 음악이 흘러나오건 신경 쓰지도 않을 테지만.

전에는 툭하면 운전석 옆 창문을 열고 옆에서 주행하는 차량의 운전자에게 욕설을 퍼붓는 기사들이 많았다. 아예 운전석에서 뛰어내려 드잡이를 하는 모습에도 이골이 났었다. 요즘 기사들은 참을성이 많아진 건지, 차를 몰고 다니는 사람들의 운전 매너가 다들 좋아져서 시비할 일이 없어진 건지, 좀처럼 흥분하지 않고 차분하게 운행하는 덕분에 차내 분위기도 덩달아 푸근해진 것 같다.

여간해서 나는 택시를 이용하지 않는다. 택시 요금이 부담스러워서가 아니라, 늘 이용하던 익숙한 것을 찾는 습성 때문인 것 같다. 꼭 택시를 타야 할 경우에도 택시라는 이동공간이 심리적으로 불편하다. 몸 편한 건 별로 기껍지도 않다.

첫아이를 출산하고 퇴원하던 날, 살아온 환경이 의식을 형성하고 행동방식을 지배한다는 사실을 절감했다. 집에 자가용이 없던 때였다. 그날, 강보에 싼 핏덩이를 안고 병원 문을 나선 나는 늘 하던 대로 버스를 타고 귀가할 생각만 했다. 짐 가방을 둘러멘 친정어머니가 재빨리 택시를 잡지 않았다면 나는 아무 생각 없이 버스정류장까지 갔을 것이다. 택시를 타고서야 우리의 상황을 깨닫게 되었다. 내 미련함에 한숨이 나왔다. 막 출산을 끝내 부기가 빠지지 않은 산모인 나는 그렇다 치더라도 세상에 갓 나온 신생아와 산구완 하느라 지친 어머니를 어찌 복잡한 버스에 태우고 먼 길을 가려고 생각했을까. 가히 버스중독의 지경에 이른 자신을 한탄할 수밖에 없었다. 그러나 누군가의 유머처럼 '오백 마력에다 운전기사까지 달린 킹 카' 버스의 매력을 앞으로도 거부하진 못할 것 같다.

돌이켜보면 버스는 수많은 추억의 풍경을 만들어내며 내 인생을 지금 이곳까지 실어다주었다. 바쁠 일도, 급한 일도 별로 없는 인생이기에 앞으로도 버스를 타고 세상을 이리저리 에둘러 다닐 것 같다.

4

철물점 풍경

모르고 지은 죄

야간스키를 타러간 남편이 새벽녘에 어깨를 붕대로 칭칭 감고 돌아왔다. 속도를 제어하지 못하고 내려오던 여성 보더가 뒤에서 남편을 박았다고 한다. 슬로프에 나동그라졌다 일어섰을 때 별 이상을 느끼지 못한 남편은 괜찮은 줄로만 알고 그 보더를 보냈다. 하지만 그리 오래지 않아 문제가 생겼다는 걸 깨달았다. 어깨 부위에 심상치 않은 통증을 느낀 것이다. 스키장 인근의 병원응급실을 찾아간 남편은 쇄골 골절이라는 진단을 받았다.

6시간 뒤, 대학병원에서 다시 엑스선과 MRI 촬영을 했다. 오른쪽 쇄골이 여섯 동강으로 부러져 있었다. 이틀 뒤에 전신마취를 하고서 접합수술을 받았다. 그리고 치료를 위해 일주일간 입원했다. 직업상 일주일씩이나 일을 쉴 수 없었던 남편은 낮

동안 성치 않은 몸을 이끌고 출근했다가 밤에 병원으로 복귀하는 고역을 치렀다.

남편의 어깨 위에는 20센티의 붉고 긴 절개 흉터가 생겼다. 그것으로 끝난 게 아니었다. 일 년 뒤에는 부러진 쇄골의 접합 부위에 박아놓은 철심들을 제거하기 위해서 다시 수술을 받아야 했고 회복을 위해 일주일간 입원해야 했다. 완치까지 지불한 병원비도 수백만 원이었다.

억울했다. 남편의 잘못으로 벌어진 일도 아닌데 몸의 고통과 마음의 고생을 피해를 당한 남편과 내가 고스란히 감당해야 하는 게 속상했다. 더 큰 부상을 입지 않고 그 정도 다친 것에 감사하자고 마음을 다독였지만, 만약을 위해 가해자의 연락처를 받아두지 않은 것이 자꾸 아쉬웠다. 가장 약이 올랐던 건, 그녀가 남편에게 큰 피해를 끼쳤으면서도 정작 자신은 무슨 짓을 했는지 알지 못한다는 점이었다. 누군가가 자신 때문에 힘든 시간을 보내고 있음에도 마음의 가책 한번 느끼지 않을 그녀가 얄미웠다.

얼굴도 모르는 가해자를 원망하다가 문득 나를 돌아보게 되었다. 나 또한 혹시라도 누군가에게 그 여자처럼 굴었을지 모른다는 생각이 떠올랐던 것이다.

이 나이에 이르도록 크든 작든, 의도했든 안 했든, 나도 다른 사람에게 피해를 끼치며 살았다. 그런 잘못들에 대해서 응징을 받았다고 생각했지만, 그러나 내가 모르고 저지른 죄나, 나도 모르게 묻혀버린 죄가 없으리라고 어찌 감히 장담할 수 있을까.

아무렇게나 흘린 말 한마디가 두고두고 다른 사람에게 큰 상처가 됐을지도 모르고, 열차 차창 밖으로 장난삼아 던진 캔 한 개가 누군가를 크게 다치게 했을 수도 있는 것이다. 끔찍한 상상이지만, 어쩌면 내 부주의한 작은 행동이 빌미가 되어 누군가가 목숨을 잃기라도 했다면? 억울해서 따지고 싶어도 나란 존재를 찾아낼 수 없어 여지껏 그 죄가 덮이고 있는지 어찌 알겠는가.

지난주 태안에 갔을 때도 신진도 포구에서 쥐포 팔던 아주머니에게 몹쓸 짓을 하고 왔다. 때깔 좋은 쥐포를 만 원어치 샀는데 그녀가 폭염 속에서 땀 흘리며 구워준 쥐포들을 돈도 안 내고 가져온 것이다. 굽는 일을 마치고서, 나도 아주머니도 둘 다 자연스럽게 쥐포를 주고받았기 때문에 내가 쥐포 값을 지불하지 않았다고는 생각지 못했다. 쥐포를 씹으며 부두를 어슬렁대다가 불볕을 이기지 못하고 차로 돌아와서는 안면도로 향했다.

내가 값을 치르지 않았다는 걸 깨달은 건 꽃지 해수욕장에 다 닿을 무렵이었다. 무심코 바지주머니에 손가락을 찔렀다가 쥐포 사려고 넣었던 만 원권 한 장이 그대로 있는 걸 알게 되었다. 가슴이 철렁했다. 그 염천 속에서 쥐포 열다섯 장을 한 장, 한 장, 정성껏 맥반석에 구워주기까지 했는데 돈 한 푼 못 받은 아주머니를 생각하니 죄송하기 짝이 없었다. 셈을 치르는 데 실수가 없는 난데 왜 그런 일이 벌어졌는지, 아주머니는 왜 또 덩달아 깜박했는지, 그저 더위 속에서 모두가 정신 줄을 놓았던 모양이다. 그 때쯤은 아주머니도 돈을 안 받은 것을 기억해내고 나를 원망하고 있을 것 같았다. 얼마나 억울하고 분할 것인가. 그러나 아주머니의 분을 풀어주러 신진도로 다시 돌아갈 수는 없는 노릇이고 쥐포 값 만 원을 아주머니 몫으로 좋은 일에 헌납할 도리밖에 없었다.

어쩌면 나는 바지 주머니에 찔러둔 만 원을 알지 못한 채로 이 여름을 보냈을 수도 있었다. 그래서 내가 신진도에 가서 무슨 잘못을 저질렀는지 영영 몰랐을 수도 있다. 하지만 그러지 않아서 다행이었다. 내가 아프게 한 사람의 마음을 깨닫고 뉘우칠 수 있어서 정녕 다행스럽다. 남편을 다치게 한 에덴밸리의 그 서투른 보더도 자신의 실수를 사과할 기회를 얻었던 편이 그녀 자신을 위해 더 낫지 않았을까 싶은 생각이 든다.

살면서 내가 모르고 지었을 죄들, 또는 죄인 줄도 모르고 지은 죄들, 그래서 참회하지 못했던 죄들 앞에, 오늘 다시 한 번 머리 숙여 두 손을 모은다.

슬픔의 색깔

흰색은 고집이 없다. 심지가 약해서 아무 색이나 받아들인다. 쉽게 누래지고 얼룩이 진다. 그래서 흰옷은 오래 입지 못한다. 신부가 입은 드레스나 여고생의 교복 블라우스, 그 정결한 흰옷들이 내 마음을 저리게 하는 것은, 흐르는 시간 속에서 본래의 순수한 흰빛을 잃고야 말 것 같은 서글픈 예감 때문인지 모르겠다.

누가 나에게 슬픔의 색깔을 말하라 하면 나는 흰색이라 하겠다. 모든 색을 탈색하면 마지막으로 남는 색. 그 어떤 욕망도 감정도 다 휘발되어버린 듯한 빛깔. 아무 것도 품지 않아서, 비어 있어서 들여다보면 고요한 슬픔이 느껴진다.

그래서일까. 흰색은 상복에 잘 어울리는 색이다. 깃광목 치마저고리를 입고 상청 구석에 오도카니 앉은 여자를 보면 그 여자가 울고 있지 않아도 내 속에선 어느새 슬픔이 차오른다. 그 여자가 뭐라고 넋두리를 늘어놓지 않아도 눈물로 씻겨나가 텅 빈 여자의 속을 그 흰 옷자락이 절절하게 전해주는 것 같아서다.

어쩌면 내 슬픔은 그 여자의 불행 때문이 아니라, 그 여자의 불행을 감싸고 있는 상복의 흰색으로 촉발되는지 모르겠다. 투박한 무명 실올들의 직조, 광목.

굳이 상복이 아니어도 광목이라 하는 그 뻣뻣한 천의 거칠고 탁한 흰색에는 털어낼 수 없는 묵묵한 슬픔이 항시 도사리고 있는 것 같다.

모든 상제가 검은 옷으로 상복을 차려입은 상가에 갔던 날, 나는 슬픔의 색깔이 흰색임을 알았다. 아버지를 잃은 남자들은 검정양복을 입었고 아버지를 잃은 여자들과 남편을 잃은 한 여자는 검은 치마저고리를 입고 있었다. 삼베나 광목으로 지은 상복차림이 하나도 없는, 온통 검은 옷 일색의 상가를 본 것도 처음이었고, 개량 상복인 검은 한복을 입은 여자들을 본 것 또한 처음이었다. 가정의례준칙에 따라 상복도 간소화된다는 걸 비로소 알았다. 한결같은 검은 옷 때문이었을까. 나는 잘못 찾아온 상가에서 조문을 하는 것처럼 제대로 고인을 애도하지도 못하고 내내 불편했다.

그날, 불행으로 수척해진 얼굴의 여자들이 간직한 슬픔들은 내 마음속으로 건너오지 못하고 자꾸 발을 헛디딘 채 미끄러졌다. 그것은 아마 내가 무례하게도 상심에 잠겨 있는 그녀들에게서 검은 차도르 차림의 중동 여자를 떠올린 때문인지 모른다. 모든 색을 다 가진 복잡한 색이지만 결코 제 속을 드러내지 않는 검정의 속성처럼 검은 차도르의 여자는 나이도 감정도 상처도 밖으로 드러내지 않는다.

검정색 치마저고리로 몸을 휘감고 있는 여자들도 그렇게 느껴졌다. 그녀들의 슬픔은 발산되지 못하고 그 검은 옷에 의해 통제되는 것처럼 느껴졌다. 그녀들이 머리칼을 뜯고 몸부림을 친다 해도 검은 상복은 그 슬픔의 깊이를 여실히 드러내주지 않을 것 같았다. 검정은 나를 계속 긴장하게 만들었다.

굴건을 하고 상장을 짚은 삼베옷의 상제가 그리웠다. 빛이 바랜 광목 치마의 여자가 그립기도 했다. 내 그리움이 혹시, 오랜 세월 익숙했던 삼베와 무명의 장례식에 대한 집착일지 모른다는 생각이 들었다. 또는 검은 상복에 대한 반발이거나. 하지만 익숙한 것, 오래된 것, 불편한 것이라고 해서 다 나쁜 것은 아닐 것이다. 감정을 이완시키고 풀어주는 색, 깊으면 깊은 대로, 얕으면 또 그대로 슬픔을 드러내고 기꺼이 슬픔의 배경이 되어주는 색. 내가 생각하는 그런 색은 적어도 검정은 아니었다.

흰 상복을 입고 탈진한 듯 문설주에 기대앉은 여자가 그리웠다. 그런 여자를 보면 눈물이 쏟아질 것 같았고 그녀의 아픔을 진심을 다해 감싸줄 듯싶었다. 구김살도 눈물 자국도 표가 나지 않는, 무슨 천인지도 모를 검은 상복을 입은 사람들 사이에는 슬픔의 흐느낌보다 우울한 한숨만이 일렁였다.

해가 지기 전. 그림자가 길어지는 시간이 되면 세상의 빛깔들은 한 꺼풀씩 탈색된다. 천지만물들이 가진 색에 탁한 흰색, 광목의 색이 섞인다. 창밖으로 내다보이는, 유리로 지어진 거대한 마천루들도, 이제 막 불빛이 반짝이기 시작한 오션브릿지도, 그 위를 달려가는 자동차들도 모두 가슴팍에 성근 광목 한 장씩 두르고 있는 것 같다. 그 시간 동안, 풍경은 더할 나위 없이 유순해 보인다. 아름다워서 몸속 어딘가에 균열이 이는 시간은 덧없이 짧다.

문득 눈을 들었을 때, 내 앞에 그 선물 같은 시간이 다가와 있으면 어디서 솟아난 건지 모를 슬픔이 고인다. 슬픔은 내가 내 마음의 가장 깊은 바닥에 도달했음을 알려주는 신호. 그럴 때 나는 흰 천을 깔고 무릎 꿇어 어느 신에게라도 기도를 올리고 싶어진다.

철물점 풍경

길을 걷다 철물점을 마주치면 그냥 지나치지 못한다. 천장까지 빼곡하게 진열된 각종 철물과 자재들로 어수선한 실내를 유심히 들여다보게 된다. 굵고 가는 철사다발, 페인트, 방수액, 고무통, 연탄화로와 그 안에 넣는 황토로 구운 '도깡', 여러 가지 지름의 PVC파이프, 못과 각종 연장들, 합판들…. 그런 물건들의 한쪽 구석에 두꺼운 렌즈의 안경을 낀 아버지가 신문을 읽고 있을 것만 같다.

목을 빼고 가게 안 깊숙한 곳을 더듬어보는 나의 눈에 낯선 주인의 얼굴이 들어오면 그만 허탈해진다. 이제 이 세상 어떤 철물점에서도 아버지의 모습을 볼 수 없다는 사실이 서글픈 상실감으로 밀려온다. 가게 안쪽 방, 칠이 벗겨진 호마이카 밥상에

둘러앉아 맛나게 밥을 먹는 다섯 딸과 뜨개질감을 손에 든 어머니의 모습도….

예전에 우리 일곱 식구가 '부산 철물건재상회'라고 쓰인 양철 간판 아래 모여 살던 때를 생각하면, 걱정 근심 없던 시절의 흐뭇한 향수에 빠져든다. 아버지는 철물점을 한자리에서만 한 것이 아니었다. 경남 일대의 여러 곳을 옮겨 다니며 점포를 열었다. 그러나 상호만은 늘 '부산 철물건재상회'였다. 그리고 어느 지역에 살건 우리 가족의 일상도 똑같았다.

무더운 여름이나, 손발 끝이 얼어드는 겨울이거나, 휴일은 물론이고 명절의 오후에도, 아버지는 어김없이 가게 문을 열었다. 아침 여섯 시면 아버지의 손에 들린 쇠갈고리는 육중한 셔터 문을 드르륵― 요란한 소리로 밀어 올렸다. 그렇게 올려진 셔터는 밤 열 시가 넘어야 다시 내려졌는데 그 일은 삼십여 년 간 어김없이 반복되었다.

철물과 건재를 다루는 일은 거칠고 힘들었다. 합판이나 파이프, 시멘트 따위를 트럭에서 받아 내리고 또 정리하는 모습은 철들면서 늘 보아온 부모님의 일상이었다. 일꾼 없이 부모님 두 분이 그 일을 감당하는 것은 과중한 노동이었건만, 죽으나 사나 두 분 몫으로 알고 그 일들을 다 해냈다. 물건이 많이 들어온 날은 밤이 늦어도 정리가 끝나지 않았다. 그럼에도 거친 일이라 딸들은 가까이에 오지 못하게 했다. 우리에게는 한사코 어떤 짐도 지우려하지 않았던 어머니는 빨래나 설거지조차도 요구하지 않았다.

시키지도 않았지만 자진해서 도울 생각도 하지 않았다. 부모님이 수고하시는 동안 나와 형제들은 가겟방이나 별채에서 책을 읽고, 티비를 보며 뒹굴었을 뿐이다. 고작 우리들이 했던 일은 갑자기 소나기가 내릴 때 가게 앞의 물건들을 안으로 들이는 일과, 어머니가 리어카에 시멘트포대 따위를 싣고 배달 나갔을 때 빈 가게를 지키는 일이었다. 그럴 때도 손님이 오면 어쩌지 못하고 쩔쩔매기만 했다.

"학생, 60와트짜리 전구 있나? 110볼트로 말이야."

손님이 전구를 달라 해도 전구가 어느 자리에 있는지 알 턱이 없다.

"부모님이 배달 가셨는데 좀 있으면 오실 겁니다."

조금만 기다려달라고 궁색한 말을 해보지만 손님은 다른 가게로 가버린다. 또 다른 손님이 와서는 자기 손으로 가게 구석에서 쫄대를 찾아들고 와도 값을 모르니 결국 팔지를 못한다. 이 손님 저 손님 다 놓치고 있는데 마침내 어머니가 돌아온다.

"손님 안 왔더나?"

"아무도 안 왔는데?"

사실대로 말하기가 자존심 상해서 시침을 떼고 얼른 가게를 나와 버린다. 밖으로 나오면 손님을 놓친 것은 어느새 아랑곳없는 일이 되고, 멍에에서 풀려난 것 같은 홀가분함만이 한껏 좋았다. 철물점 운영에 하등 도움이 안 됐던 나와 형제들은 그에 더하여 아침마다 갖가지 명목으로 금고를 비게 하고, '뜨겁던 여름 날 조기들의 몸에 수없이 알들을 낳던 염치없는 쉬파리*'처럼 부모님을 파먹고 살았던 애물들이었다.

가겟방에 사는 사람은 뭣보다 사생활의 보호를 기대할 수 없었다. 창호지를 바른 문짝 뒤로 하루 종일 낯선 사람들이 들락날락했다. 어떤 손님은 가게입구에서 주인을 부르는 절차를 생략하고 다짜고짜 안으로 들어와선 왈칵 방문을 열어젖혔다. 그럴 때, 찌그러진 냄비 하나 상 위에 달랑 올려놓고 콧물을 흘려가며 라면을 먹는 중이었거나, 옷매무새가 민망한 상태였다면 그 어지러운 꼴불견의 모습을 고스란히 내보여야만 했다. 그럴 때는 모욕당한 기분을 떨칠 수 없어 괜한 신경질을 부리고 밖으로 뛰쳐나갔다.

시끄러운 시장 통의 집을 벗어나, 한적한 주택가 친구들의 집에 가는 것은 즐거운 일이었다. 그중에서도 작은 정원이 있는 마당과 자기 방을 가진 친구는 동경의 대상이었다. 책상 위에 꽈배기과자를 방치한 채 무관심하게 돌아다니는 그 친구의 초연함에, 음식에 대한 그 초연한 자세에 충격을 받기도 했다. 과자가 남아서 굴러다닌다는 건 우리 집에서는 상상도 못할 일이었다.

과자란 것은 보이는 족족 뱃속에 집어넣어야 마땅한 족속이었다. 과자에 대한 나의 인식은 철저히 그랬기에 연필꽂이나 탁상시계처럼 책상 위에 정물로 자리하는 꽈배기의 모습은 낯설고 불편했다.

“야끼모(군고구마)나 호떡 사오너라.”

오후 네 시경이 되면, 아버지는 문이 열림과 동시에 찌렁― 하고 경고음이 울리는 금고에서 천 원권 몇 장을 꺼내 우리에게 간식을 사오라고 시켰다. 신나게 달려가서 사온 간식은 풍족하지도 않았지만, 식욕이 왕성한 다섯 아이들이 서로 먹으려고 달려들기에 금방 동이 났다.

포도나 수박을 한 쪽이라도 더 먹으려면 일일이 씨를 뱉어내선 안 됐다. 입 안에 넣는 대로 대충 씹고 꿀꺽 삼켜야 했다. 그렇게 반복된 식습관은 굳어져서 과거의 경쟁자들이 모두 사라진 오늘, 그 누구와도 경쟁할 필요가 없는 지금에도 여전히 나로 하여금 씨를 발라내지 않고 수박을 먹게 만든다.

해가 설핏 지고, 친구네 부엌에서 저녁상이 차려지기 시작하면 그 집을 나섰다. 과자에 대한 인간의 초연함이 자리하는 곳. 몇 시간을 앉아 있어도 찾아드는 성가신 손님 하나 없는 조용하고 우아한 세상에서, 다시금 내가 속한 각박한 처소로 돌아가는 시간이면, 아쉽고 허전한 마음이 낮달처럼 끈덕지게 뒤꼭지를 따라왔다.

어둑하게 땅거미가 지는 무렵, ‘부산 철물건재상회’ 간판이 걸린 길목으로 들어서면, 멀리 차양막 밑의 알전구가 노란 빛살을 뿌리는 낯익은 집이 문득 오래된 등대처럼 푸근해보였다. 가게 앞에는 무슨 시스터즈처럼 똑같은 모양의 단발머리를 한

동생들이 고무줄을 뛰거나, 공깃돌 놀이를 하곤 했다. 식구들에게 밥상을 차려주고 나온 어머니가 알전구 아래서 혼자 뜨개질을 할 때도 있었고, 때론 트럭이 싣고 온 물건을 받아 내리느라 분주한 아버지를 만나기도 했다.

멀리서 바라보는 가족들의 그런 모습은 이상하게 가슴에 균열을 일으켰다. 오후 내내 체증처럼 고여 있던 불만의 감정들은 흔적 없이 무너지고, 맘속 깊이 고대하던 풍경을 다시 만나기라도 한 듯, 내 혈육과 철물들로 가득 찬 집을 찰진 눈길로 더듬게 되던 것이다. 내가 가지지 못한 것들에 대한 동경은 마음의 수면 위를 떠다니는 뿌리 없는 개구리밥풀 같은 것이란 걸 가만히 깨닫는 시각이기도 했다.

연전에 부모님은 철물점을 처분했다. 삼십 년 넘게 해오던 장사를 완전히 그만둔 것이다. 이제 두 분은 그간의 노역에서 풀려나 아파트의 한적한 거실에서 지친 심신을 달래며 지낸다. 그런데도, 무심코 떠올리는 내 마음속 부모님의 자리는 늘 철물점 안이다.

'아버지' 하고 떠올리면 아버지는 가벼운 실내복을 벗고 얼른 두툼한 잠바차림이 된다. 그러면 굽은 어깨 뒤로 못과 철사와 몽키스패너의 일행이 기다렸다는 듯 달려와 쭉 줄지어 선다. 손에 뜨개질감이나 수틀을 들고 연탄화로 가에 앉은 어머니의 모습도 조용히 제자리를 찾아든다.

내핍했고, 팍팍했던 시절이었으나 그때의 추억 속에서 불러내어 다시 만나는 것들은 겨울밤 찐빵 솥에서 올라오는 푸진 김처럼 포근하고 아늑하다. 성에 낀 유리창 안으로 들여다보는 실내풍경처럼 따뜻하다.

내 추억이 행복한 까닭은 두 분 부모님이 그 어둑신한 철물점을 떠나지 않고, 항상 그 안에 머물러주었기에 가능한 것이었다.

친구와 극장에 가려고 용돈을 받아 가게를 나서다가 언뜻 뒤돌아보면, 철물들을 배경으로, 아니 또 하나의 철물처럼 오도카니 앉아 눈으로 나를 배웅하던 부모님의 모습이 보였다. 왠지 모르게 애틋하던 그 눈빛에는 부모님이 내게 전해주는 메시지가 담겨있었다. 오랫동안 해석하지 못한 채 간직하고만 있던 메시지는 한참 세월이 흐른 뒤, 내가 부모님의 나이가 되어서야 겨우 이해할 수 있었다.

"우리는 먹고사는 일에 매여서 죽으나 사나 이 철물점을 벗어날 수 없지만, 너거는 너거 가고 싶은 데 자유롭게 다니고, 하고 싶은 일 마음껏 하면서 행복하게 살아라. 너거가 행복하면, 그럼 우리도 행복한 기다."

자식들에게 최대한의 것을 베풀기 위해서 당신들에겐 너무도 엄격하게 최소한의 것만 허락하며 살았던 부모님. 그분들의 삶이 어떤 것이었는지 깨닫는 지금, 가슴을 옭죄는 슬픔을 느낀다.

철물점이 사라지고, 식구들도 뿔뿔이 흩어져 따로이 걸어가는 여정에서 이따금 마음에 생채기가 돋을 때마다 부모님이 서부

극의 주인공들보다 강인했던 시절, 우리 모두 이마에 환한 알전구 하나씩 달고 살았던 그 시절을 돌아보며 힘을 얻는다.

* 정경희 수필 <조기> 중에서 인용함.

옷

누군가 생을 다하면 그가 입던 옷도 세상에서 사라진다. 남은 자들의 세상에 걸려있는 떠난 자의 옷은 그의 부재를 고통스럽게 환기시킨다. 그가 이 세상에 존재했다는 증거를 옷만큼 여실히 보여주는 물건이 있을까.

주머니가 늘어나고 진동 부분이 주름지고 팔굽께가 닳은 셔츠에는 얼마 전까지 그의 몸이 습관적으로 반복했던 동작들과 그 동작을 이끌어낸 의식의 흔적이 남아있다. 어느 유품도 옷만큼 남은 사람에게 상실의 아픔을 절실히 되새기게 하지 못하리라. 떠난 자를 환기하는 그 아픔을 견디기가 힘들어서 서둘러 그의 옷들은 세상에서 치워지는지 모르겠다.

연평해전에서 전사한 어느 군인의 부모는 자식이 남긴 옷과 소지품들을 컨테이너 박스에 진열해놓고 시간 날 때마다 그곳을 찾는다고 했다. 아들을 잃은 것은 감당키 어려운 슬픔이지만 아들의 흔적과 기억까지 잃어버린다는 것이 그들에겐 더 견딜 수 없는 일이었나 보다.

영영 가버린 아들의 옷을 바라보고 쓰다듬는 일이 피 흐르는 상처에 한 번 더 칼을 대는 고통인 줄 알면서도, 그 고통을 되풀이하고 그 고통에서 벗어나려하지 않는 부모의 심정. 그 부모의 슬픔에 닿은 것이라면 쇠라도 녹아버릴 것 같다. 그들이 날마다 아들의 영전에 제물로 바치는 것은 그들의 가슴에서 베어낸, 잘라도 잘라도 쉽사리 줄지 않는 고통일 듯하다.

우리 집에도 유명을 달리한 분의 옷 두 벌이 있다. 두툼한 양모코트 한 벌과 모시로 만든 고의적삼 한 벌로 둘 다 작고한 시아버님의 옷이다. 아버님의 장례를 치르고 난 뒤 어머님이 정리해놓은 옷가지 속에서 남편이 가져온 것이다.

구식 디자인의 양모코트는 아버님의 체격에 비해 턱없이 품이 크고 기장도 길다. 생전에 고인이 입은 것을 한 번도 본 적이 없다. 오랜 세월 장롱 구석에서 묵히기만 했던 것 같다. 고의와 적삼은 어머님이 손수 만든 여러 벌 모시옷들 중 한 벌로 거의 입지 않은 새 옷이라 했다.

남편이 그 옷들을 손질해 입으려고 가져온 건지, 유품으로 간직하기 위해 가져온 건지 알 수 없지만 지금에 와서 그는 그 옷들이 우리 집의 어느 옷장 속에 들어가 있는지조차 알지 못한다. 두 벌의 옷은 남편에게 받은 즉시로 보자기에 싸서 작은 방 장롱 맨 위 선반에 올려두었다. 아무리 아버님의 것이라지만 산 사람이 고인의 옷을 입는 것도 싫었고, 고인의 옷이 산 사람의 옷들과 섞이는 것도 마음에 걸렸다.

철철이 옷 정리를 할 때마다 나 혼자 그 옷 보퉁이를 꺼내 펼쳐보았다. 아버님의 옷들은 내 마음을 슬프게 만들지 않았다. 늘 그 앞에서 담담했다. 떠난 자를 떠올리는 순간이 아픔이었다면, 그 아픔이 견디기 힘들었다면 나는 옷 보퉁이를 보관하지도 꺼내 보지도 않았을 것이다. 남편 또한 선친의 옷을 차마 집에 가져오지 못했으리라.

팔십 년을 살다가 몇 달 간의 노환 끝에 별세한 분이기에 떠날 사람이 떠났다 생각했는지 모른다. 아니면 고인을 깊이 애착하지 않았기 때문이거나. 그도 아니면 그 옷들이 아버님의 몸에 별로 꿰어진 적이 없어서인지. 생전에 여름이면 즐겨 입던 싸구려 셔츠나 깃이 닳아 반들거리는 감색 겨울 점퍼를 무릎 위에 올려놓았다면 어쩌면 심경이 달랐을 것이다. 아버님 혼자 빗발 굵어지는 산속에 버려두고 오는 것 같던 그날이 떠올라 눈시울이 뜨거워졌을 게다.

공들여 풀을 먹이고 다린 모시옷은 볼수록 호사스런 옷이다. 그 옷을 떨쳐입고 길에 나온 할아버지들을 볼 때면 그의 의복을 정성껏 만져주는 어진 아내와 무던한 자손들의 모습이 노인의 뒤편에 공손히 손 모으고 있는 듯해서 그 노인의 존재가, 그리고 그 일생이 복되게 느껴지곤 했다.

아버님의 옷 두 벌을 언제까지 지니고 있어야 하는지 모르겠다. 입지도 않는 옷가지가 비좁은 장롱 속을 차지하는 것도 부담스럽지만 그렇다고 유품을 버리는 것은 아버님을 내다 버리는 것 같아서 결코 실행하지 못할 일이다.

다만 그래도 아버님에게 감사한 것은 그가 그의 옷들로 해서 남은 우리들에게 아픔을 주지는 않는다는 사실이다. 그의 별세를 간직하기 힘든 상처로 만들지 않았다는 것이다. 남은 자를 아프게 하지 않는 것도 떠나는 자의 큰 덕인 것 같다.

훗날, 내 옷도 남은 자들에게 그런 마음 편한 옷이었으면 좋겠다.

외로운 사람들의 화분

화초에 관심을 가지기 시작한 건 민준이가 대학공부를 하러 타지로 떠난 뒤부터였다. 민준이를 터미널에서 배웅하고 돌아온 며칠 동안은 마음이 구멍 숭숭 뚫린 비닐봉지 같았다. 늦겨울 찬바람 속에서, 나는 까만 비닐봉지 한 장으로 질정없이 굴러다녔다.

터미널의 커다란 짐 가방 옆에 앉은 민준이는 막상 출발시각이 다가오자 그 표정에 심란한 기색이 일렁였다. 가족도 친구도 아무 연고도 없는 땅에서 모든 것을 혼자 감당해야 할 아이는 고속버스를 기다리는 동안 외로워보였다. 엄마가 옆에 있어도 그 외로움에 위로가 되지 못하는 듯했다. 주춤거리는 아이를 어서 가라고 등 떠미는 자신이 비정하게 느껴졌다. 무슨 잘못을 저지르는 것처럼 더럭 겁이 나기도 했다.

마침내 고속버스는 떠났지만 유리창에다 대고 손을 흔들던 민준이의 가라앉은 모습은 시간이 흘러도 떠나지 않았다. 내 가슴에 남아서 자꾸만 심장을 후벼댔다.

옮겨지지 않는 발을 놀려 집으로 돌아왔다. 아이 하나 떠났을 뿐인데, 온 집이 텅 비어 보였다. 무슨 마술에 걸렸다 깨어난 것처럼, 멀쩡하던 집 안의 기물들이 내 눈에 죄다 꾀죄죄했다. 탁하고 빛바래보였다. 그중에서도 제대로 관리를 하지 않은 베란다의 화분들이 가장 극명하게 그 초라함을 드러내고 있었다.

두고 볼 수 없어 곧바로 화분정리에 들어갔다. 내가 좋아 사들인 화초는 없었다. 대부분 친정어머니가 길러보라고 준 것들이었고, 시어머니나 남편이 거기다 한두 개씩 더 보탰다. 관심과 애정을 받지 못한 화초들이었다. 열흘에 한 번 손길이 닿을까 말까한 화분들이었으니 꼴이 오죽했을까. 화분마다 앙상한 가지에 윤기 없는 잎사귀들이 듬성듬성 매달려 있었다. 힘들게 목숨만 연명해 온 식물들 앞에 나는 그때서야 참회하는 마음이 들었다.

헐벗어 볼품없는 화초들과 빈 화분들을 가지고 화훼상가로 갔다. 시든 가지를 쳐내 빈약해진 화초의 화분에 같은 종류의 화초를 보태 심자, 만냥금과 게발선인장과 인삼벤자민은 확 달라진 모습으로 거듭났다. 빈 화분엔 스리랑카, 풍란, 꽃기린, 안시리움, 율마를 새로 심었다.

화분들을 베란다에 재배열하자, 황량하던 베란다가 작은 식물원으로 변했다. 보기에는 무척 좋았으나, 앞으로 이 생명들을 돌보고 키울 일이 걱정이었다.

원래 화초 돌보기를 버거워했던 나는 얼마 전까지만 해도 화분을 몽땅 처분할 작정이었다. 누가 준다 하더라도 더 이상 받지 않으리라, 결심을 굳혔건마는 어쩌자고 생각과는 다른 짓을 하고 말았다. 그뿐 아니라, 창고를 뒤져서 찾아낸 빈 화분 몇 개를 더 들고 화원으로 찾아가 관음죽이며, 속새와 워터코인이며 산세베리아까지 심어오고 말았다. 결국 전보다 훨씬 많은 수의 화분들이 베란다를 점령했다.

이리 된 이상 새로운 각오로 화초들을 돌보자고 마음먹었다. 다시는 식물들을 방치하지 않으리라 다짐했다.

스프레이를 하고 한 잎 한 잎 들여다보며 물 주기를 게을리 하지 않았다. 묘하게도 이전처럼 귀찮다는 생각 대신 그 일들이 즐겁게 느껴졌다. 너무 자주 물을 주는 바람에 뿌리가 물크러지는 화초들이 생기기까지 했다. 그러는 사이 민준이를 보내고 침울하던 마음에도 소소하게 활기가 이는 것 같았다.

좀 더 시간이 흐른 뒤에 나는 알게 되었다. 민준이가 떠난 빈자리를 나는 무엇으로든 채우고 싶어 했다는 것을, 민준이를 챙기듯 뭔가를 대신 챙기고 싶어 했다는 것을 말이다. 의식하지 못한 사이에 나는 민준이를 대신해 날마다 화분을 키우고 있었던 것이다. 아들의 자리에 놓고 키우는 화초들이어서 매일처럼 정성을 다해 어루만지고 있었던가.

그러고 보면 친정어머니가 집안에 화분을 들여놓고 가꾸기 시작한 것도 딸들을 결혼시켜 차례로 떠나보낸 다음이었던 것 같다. 친정에 갈 때마다 하나 둘 생기기 시작하던 화분들이 나중엔 베란다 가득이었다.

"젊었을 때는 몰랐는데 나이가 드니까 화초가 좋아진다. 아침에 일어나서 화초 들여다보는 게 그리 좋을 수가 없다. 너희들도 나중에 나이 들어 보거라."

친정 베란다에 서서 탐스런 꽃송이를 매달고 있는 잘 자란 화초들을 구경하고 있으면 어머니는 내 등 뒤에서 그리 말하곤 했었다. 그때는 당신 말씀대로 나이가 들면 화초를 좋아하게 되나 보다 무심히 넘겼었다. 그 딸도 이제는 어머니의 심경을 헤아리게 되었다.

기나긴 세월, 딸들의 도시락과 아침식사를 준비하느라 바빴던 어머니의 새벽이 있었다. 그러나 언제부턴가 어머니에겐 아무것도 준비할 게 없는 새벽이 찾아왔다. 딸들이 모두 떠나고 덩그러니 혼자 남은 새벽에, 느긋한 여유보다는 적막과 외로움을 느꼈을 어머니였다. 당신이 인식을 했건 하지 못했건, 어머니는 그 공허를 채우기 위해 화분들을 들이고, 딸 키우듯 온갖 정성으로 가꾸어온 것이다. 코흘리개 어린 딸들 세수시키듯 잎사귀 하나하나를 닦아내고 스프레이하고, 머리칼 다듬듯 웃자란 가지를 잘라내고, 머릿니 잡아내듯 벌레들을 솎아냈을 어머니.

화사하게 꽃피우고, 멋스럽게 이파리를 드리운 화초를 어머니는 또 아낌없이 딸들에게 나눠주었다. 그 화분이 어떤 의미인지 모르는 딸들은 몇 주간 장하게 핀 꽃들이 지고나면 나 몰라라 내쳐서는 판판이 말려죽이곤 했었다.

얼마 전 친정에 들렀을 때, 어머니는 이제 화분 돌보기가 버겁다고 가져갈 만하면 다 가져 가라 했다. 화분 대신에 옹기항아리들로 장독대를 만들 거라 했다. 요즘 어머니는 막내동생네 다니며 외손자들 돌보느라 여념이 없다. 딸들 키울 때처럼 온종일 바빠진 것이다. 키울 두 손자가 생겨 마음이 벅차니 이제 화초는 뒷전으로 밀려나는 것이다. 그러고 보면, 화초는 마음이 외로워진 사람들이 키우는 것인지 모르겠다.

봉오리만 잔뜩 맺었던 국화가 활짝 피었다. 초록 일색이던 베란다 정원이 노란 국화 한 분으로 훨씬 근사해 보인다. 국화는 백화가 만발한다고 부화뇌동하지 않고 묵묵히 자신의 때를 기다리는 화초이다. 그리하여 무서리 내리는 계절의 어느 아침이 되어서야 마른 화초들 사이에서 강렬한 황금빛의 꽃을 피운다. 한번 피운 그 꽃 또한 쉽게 지지 않는다. 인내할 줄 아는 꿋꿋한 국화의 본성이 참 마음에 든다.

국화를 바라보면서 민준이, 타관으로 떠난 나의 아들도 그 땅에서 제가 가진 개성을 표현하며 꿋꿋하게 잘 지냈으면 좋겠다는 생각을 해본다.

산에는 엘리베이터가 없다

요즘 웬만한 건물에는 다 엘리베이터가 있다. 그러니 도시에는 무수히 많은 엘리베이터가 있다. 도르래에 매달린 육중한 직육면체의 철제박스들은 종일 승강을 반복한다. 엘리베이터 덕분에 계단을 오르는 고통에서 벗어나게 되었다.

밟고 있는 땅보다 높은 곳으로 오르는 건 중력에 저항하는 행위다. 공중으로 들어 올리는 다리를 한사코 잡아당기고, 엉덩이를 끌어내리는 중력. 그것을 뿌리치고서 위로, 위로 오르기가 연약한 육체로선 고달프다.

그래서 어느 건물이건 들어서면 곧장 엘리베이터부터 찾는다. 2층의 카페에 갈 때도, 3층 치과에 갈 때도 엘리베이터를 타고 만다. 그 정도 높이라면 계단으로 걷는 것도 무방하련만

편하기 이를 데 없는 문명의 이기를 한시도 뿌리치기가 어렵다. 계단은 건물의 바닥에서 옥상까지 연결된 재난시의 탈출로로 전락한 지 오래다.

내가 산에 가지 않는 건 산에는 엘리베이터가 없기 때문이다. 삼사백 미터는 물론이고 천 미터가 넘는 산에도 엘리베이터는 없다. 산에 간다는 건 곧 등정을 뜻하는데 2층도 엘리베이터를 타고 가는 위인이니 백 층이 넘는 빌딩을 일 층부터 꼭대기까지 두 다리로 오르는 것과 다름없는 짓을 하기란 몹시 버겁다.

어릴 적엔 볕바른 기슭을 헤매며 삘기를 따먹고 메뚜기도 잡으며 한나절 놀기 위해 산에 갔지만, 나이 든 뒤론 그런 일로 산에 간 적이 없다. 어른들의 산행이란 곧 등정登頂을 의미했다.

사람들은 무슨 숙제라도 푸는 것처럼 꼭대기에 오른다. 나물을 캐러 온 이나, 잠시 숨을 고르는 이 말고는 길섶에 머무는 사람이 없다. 등산복에 배낭을 멘 사람들은 모두 걷기 바쁘다. 위로, 위로 올라가기에 바쁘다. 헐떡이는 숨소리, 뜨거운 단내를 풍기면서도 그들은 계속해서 걸음을 옮긴다. 진정 산비탈을 오르는 것을 즐기는 것인지, 아니면 빨리 정상에 오르기를 안달하여 그러는 것인지 의아스러울 때가 있다.

꼭대기를 밟은 후에라야 간식도 꺼내 먹고 땀도 식히고 사진도 찍는다. 기슭이나 중턱까지만 갔다가 하산하는 사람은 환증이 발생한 사람들 말고는 없다. 꼭대기까지 올라가지 않으면 산에 간 게 아니라고 치는 분위기에 맞추기에는 내 몸이 너무 고달

팠다.

일부러 산을 찾아가 고행하는 사람들. 나로선 기이하지만, 산에 오르는 게 즐겁다는 그들. 피학적 취미의 매조키스트들인가. 주말마다 전국의 크고 작은 산을 순례하고, 산에서 내려오기 바쁘게 또 다른 산에 오를 것을 꿈꾸는 그들.

다리가 무겁고 숨이 차고 목이 마르고 땀범벅이 되는데도 그 고통을 고행으로 여기지 않는다니, 즐겁다니. 도대체 말이 안 되는 것 같은데도 그 짓을 고대하고 주말마다 되풀이하는 것을 보면 그것이 과연 그들의 진심임을 믿을밖에 없다.

등산의 즐거움에 도취되어 '산'이라는 말만 꺼내도 화색이 도는 사람들을 보면 그들이 깨친 경지를 나는 깨치지 못한 것 같아 심술이 나기도 한다. 술을 마셔도 도무지 술이 주는 즐거움을 알지 못하겠고, 종내 신앙의 기쁨에 도달하지 못해 종교를 단념해버린 미욱한 사람이라서 등산의 즐거움 또한 깨닫지 못하는 것인가.

고통의 순간을 참아내고서 산꼭대기에 오르면 가슴이 뻥 뚫리는 쾌감을 느낀다는데, 정상에 올라 첩첩이 이어진 산맥을 보아도, 호수처럼 펼쳐진 바다를 보아도, 다 거기가 거기 같은 산 아래 풍경이 내 등정의 고통을 탕감해주지 못할 때는 자괴감에 빠지기도 했다.

"당신의 그 환희는 어떤 경로, 어떤 순간을 통해 오는 것이오?"

열등감에 빠진 나는 물어보지만 그들은 화두를 푼 사람들처럼 한없이 여유로운 웃음만을 흘릴 뿐 답을 내놓지 않는다. 그러면서 산 타는 맛을 모르는 내가 도리어 이해되지 않는다는 표정을 한다.

지쳐 바위에 앉아 쉬고 있을 때, 그런 나를 끊임없이 지나쳐 산등으로, 산마루로 오르는 사람들을 보면 초조해지고 만다. 그들처럼 분발할 수 없어 패배감을 느끼는 한편, 강박적일만큼 쉼 없이 위로, 위로 오르도록 부추기는 그들 마음속의 투지에 경이감이 인다. 그럴 때면 매번 내 초라한 허벅지를 투덕이고 일어나 앞선 이의 등 뒤를 쫓아가게 되는 것이다.

엘리베이터가 없는데도 아랑곳하지 않고 사람들은 잘도 산을 오른다.

그러나 그들도 도심으로 돌아가면 나와 같이 엘리베이터를 탄다. 처리할 일이 바빠서도 그렇지만, 시간이 충분할 때도 계단을 오르는 수고를 감당하지 않는다. 산은 산이요, 빌딩은 빌딩으로 철저히 양분된다. 콘크리트 덩어리 건물은 두 발로 걸어오를 가치가 없는 것일까. 등산객들이 산 정상을 향해 부지런히 걸어 오르는 것은 산을 걸어 올라가는 즐거움 때문일까, 엘리베이터가 없는 때문인 걸까.

사람들이 기를 쓰고 산꼭대기로 향하는 것은 억눌린 다리의 본성 때문인지 모른다. 다리는 다니고, 달리라고 생긴 것이다. 또 걷고 오르내리기도 하라고. 그 모든 행위를 충족하기에 적합한 것이 산을 타는 일이다. 엘리베이터에게 제 역할을 뺏기고 하릴없이 서 있기만 하던 다리는 산에 오면 마냥 방목된 쾌감을 느끼며 꼭대기까지 맹렬히 치닫는지 모른다.

뜨거운 숨을 토해내며, 눈동자를 반짝이며 산을 오르는 사람들이 구릿빛 강건한 다리를 가진 현대판 모히칸 인디언처럼 느껴질 때가 있다.

산꼭대기를 너끈히 뛰어오르는 건강한 다리들, 즐거운 다리들, 본성에 충실한 다리들에 나는 질투를 느낀다. 두 발로 산을 오르는 그 본연의 즐거움을 깨칠 수 있다면 나도 휴일엔 기꺼이 엘리베이터를 포기할 것이라네.

비등점

작년 가을 내장사 입구 장터에서 아마릴리스 알뿌리 네 개를 만 원에 사왔다. 뿌리들은 지름 칠팔 센티쯤으로 굵기가 비슷했다. 그것을 네 개의 화분에 각각 하나씩 심었더니, 2월 초순경 두 개의 알뿌리에서 초록색 싹이 돋기 시작했다. 나머지 두 뿌리에서는 싹이 나올 기미가 보이지 않았다.

돋아난 싹들은 쑥쑥 자랐다. 다섯 장의 연둣빛 기다란 잎사귀 사이로 두 개의 꽃대까지 뽑아 올린 뿌리 하나는 삼월 초순이 되자 마침내 여덟 개의 붉고 화려한 꽃송이를 차례로 터뜨렸다.

꽃은 검붉은 벨벳 드레스를 입은 관능적인 아르헨티나 여자 같았다. 꽃을 바라보는 내내 플로어를 두드리는 구두 굽 소리와

탱고를 연주하는 바이올린의 선율이 고막으로 흘러드는 것 같았다.

싹이 돋지 않은 두 개의 뿌리는 아무래도 상한 것 같았다. 구입할 당시부터 이미 부실했거나, 물을 잘못 준 탓에 썩었는지 몰랐다. 그렇지 않고서야 다른 뿌리에서는 연일 현란한 꽃 폭죽을 쏘아올리고 있는 동안, 아무 기척도 없이 그대로일 수 있겠는가 말이다. 나는 그 뿌리들이 필경 죽었다고 생각했다. 더 이상 물도 주지 않고 내처 방치해버렸다.

활짝 피었던 여덟 송이의 아마릴리스 꽃들은 피어난 순서대로 차례로 시들어갔다. 고열에 신음하는 여자의 입술처럼 조금씩 타들어가기 시작하더니 나중에는 바짝바짝 말라 비틀어졌다. 죽었다고 생각했던 다른 뿌리들에서 연둣빛 뾰족한 싹이 돋아난 걸 발견한 것은 그때쯤이었다.

삶이란 알 수 없는 것이다. 내가 알고 있는 것이, 내가 겪고 있는 것이 삶의 전부라고 생각한다면 나는 세상에서 가장 교만한 사람이다. 그리고 가장 어리석은 사람이다. 두 달 뒤에 무슨 일이 벌어질지 모르면서 다만 누렇게 마른 껍질에 싸여 있다는 이유만으로 알뿌리들을 쓰레기통에 던져버렸다면, 아아, 나는 베란다에 놓인 모든 식물들로부터 경멸받았을지 모른다.

사람의 인생도 그럴 것이다. 일찍 개화하는 인생도 있을 테고, 긴긴 세월이 흐른 뒤에 어렵사리 빛을 발하는 인생도 있을 것이다. 그래서 인생은 끝까지 살아봐야 아는 것이라고 하는가.

오늘을 사는 일이 그저 구차하고 비루하게만 여겨질지라도, 내일도 모레도 이후로 이어지는 모든 날들이 오늘과 다름없으리라 여겨지더라도, 인생은 그러나 섣불리 짐작하고 단정할 것이 아니다.

남들의 인생이 아마릴리스처럼 활짝 꽃핀 시기에, 남만 못해도 비슷하게 꽃 핀 흉내라도 내어야 할 시기에, 촉조차 내밀지 못하는 처지에 있는 사람의 심정을 알 것 같다. 주변의 동년배들이 사회적, 경제적으로 안정된 기반을 닦아가고 있을 시기에, 벼랑에 선 듯 홀로 위태로운 날들을 나 또한 보낸 적이 있으니까. 도저히 벗어날 수 없을 것 같은 그 시간들도 그러나 지나고 보니 과거사가 되어있다.

불의의 사고나 중병으로 사회생활을 접고 병석에 누운 사람들도 삶을 포기하지 않는 한, 제 속에 초록의 이파리와 화려한 꽃송이를 품고 있는 아마릴리스 알뿌리와 다르지 않다.

세계대회에서 용자를 뽐낸 선수들의 무명시절도 마찬가지일 것이다. 기록을 갱신하기 위해 매일 똑같은 훈련을 반복하는 것은 힘들고도 지루한 일이다. 실체가 없는 미래, 거기에 확신마저 없다면 육신은 고달프고 마음은 무겁다. 노력을 쏟아부어도 뚜렷한 진전이 보이지 않을 때는 모든 것을 팽개치고 늪과도 같은 그 시간 속에서 달아나고 싶을 것이다. 그런 시절을 이기지 못했다면 오늘날의 챔피언 자리에 그들은 없다.

식민지로, 전쟁으로 피폐했던 나라, 미래를 기약할 수 없었던 극빈국 한국의 국민들은 지금 어떤 삶을 살아가는가. 인생은 끝까지 살아봐야 아는 것이다.

마흔여섯이 되었을 때, 비로소 나는 이 세상 사물의 윤곽을 어렴풋하게라도 볼 수 있는 눈이 생긴 기분이 들었다. 사용방법을 몰랐던 전자기기의 사용설명서를 뒤늦게 발견한 느낌, 천방지축 동서남북도 분간 못하고 돌아다니던 여행자의 손에 나침반이 쥐어진 느낌이 설렘처럼 가슴에 고였고, 그런 느낌들을 통해 바라보는 삶은 그 전과는 많이 달랐다. 그런 감정들이 어떻게 생겨나서 내게로 왔는지는 알지 못한다. 다만 그러기까지 내게는 45년이란 세월이 필요했단 것만을 알았을 뿐이다.

물은 100도에서 끓는다. 그러나 모든 액체가 100도에서 끓는 것은 아니다. 액체들은 저마다의 비등점에 도달해야만 비로소 끓기 시작한다. 알콜은 78도에 끓고, 수은은 356도에, 크롬은 2,200도가 되어야 끓는다. 빨리 끓는다고 장한 것도 아니고, 지금 당장 끓지 않는다고 해서 속상할 것도 없다. 모든 액체는 저마다의 비등점을 가진다.

마흔다섯 해를 살았던 것은 마흔여섯 번째 해를 맞기 위해서였다는 생각이 들 때면 별 탈 없이 무사히 마흔다섯 해를 살아내서 다행이라고, 감사하다고, 나 자신과 세상을 향해 뇌이곤 한다.

두 달 늦게 돋아난 아마릴리스 새싹은 이제 어린애 엄지손가락만 하게 자랐다. 그 생명에의 기대를 함부로 포기해버렸었기에, 나는 삶의 뜨거운 열정을 세상 밖으로 디밀고 있는 두 개의 뿌리를 바라보기가 죄스럽다. 물도 끊어버린 딱딱한 흙 속에서 홀로 힘겹게 돋아난 싹을 들여다보며 찬탄하고 즐길 자격이 없는 것이다. 나중에 활짝 피게 될 꽃에게도 똑같은 마음일 게 뻔하다. 하지만 앞으로는 결코 잊지 않으리라. 세상 만물이 가진 비등점은 저마다 다르다는 것을.

두 개의 아마릴리스 뿌리는 내가 무슨 생각을 하건, 한 달 뒤에는 그들 몫의 성대한 삶의 축연을 벌일 것이다.

하나님은 왜

권문세족의 가문이건, 한미한 집안이건, 동서고금을 막론하고 한 집안의 장자권은 장남이 물려받았다. 특별한 결격사유가 없는 한 그랬다. 장남은 집안의 차기 리더루써 훈육되고, 본인도 어렸을 때부터 일족에 대한 책임을 느끼면서 성장한다. 그런데, 구약성서 속 하나님에게 택함 받은 집안의 가장자리에는 장남이 오르는 경우가 별로 없다. 그래서 하나님이 장남들을 축복하지 않았다는 느낌을 받게 된다.

낙원에서 쫓겨난 아담, 그의 자식부터 살펴보면, 아담에게는 농사를 짓는 큰아들 가인과 목축을 하는 둘째 아들 아벨이 있었다. 때가 되어 그들이 각자 자신의 소출로 제물을 올리게 되었을 때, 하나님은 가인이 재배해서 바친 농산물 대신에 아벨의 제물, 양의 첫 새끼와 그 기름만을 기쁘게 받았다. 자신의 제물을 하나님이 반기지 않자, 하나님에게 인정받지 못했다는 생각에 가인은 분개했고 질투에 사로잡혀 아벨을 죽이고 만다.

장남이었던 가인이 하나님의 인정을 받지 못한 것은 평소 가인의 성품이 악했기 때문이 아닐까 싶다. 제물을 열납 받지 못했다고 당장에 분개하여 인상을 찌푸리는 가인에게 하나님이 '네가 선을 행하면 어찌 낯을 들지 못하겠느냐, 죄를 다스리라.'고 꾸짖었기 때문이다. 성정을 가다듬으라고 하나님이 충고했음에도 동생을 쳐 죽이고 마는 가인의 행동을 보면 그가 의로운 자는 아니었구나, 그래서 하나님의 인정을 받지 못했겠구나 하는 생각이 든다. 가인은 축출당하고, 하나님은 결국 셋째 아들인 셋으로 하여금 아담의 계보를 이어가도록 했다.

이삭의 장남 에서도 하나님에게 택함 받지 못하기는 마찬가지였다. 이삭의 아내 리브가가 쌍둥이 에서와 야곱을 잉태했을 때, 하나님은 큰 자가 어린 자를 섬길 것이라고 예언했다. 왜 그랬을까. 하나님은 왜 태중에 있을 때부터 차남이 될 아이를 축복했을까. 또, 축복받은 아이를 장남이 아니라 굳이 차남으로 태어나게 한 데는 어떤 의도가 있는 걸까.

에서는 장자의 자격을 상실할 만큼 형편없는 인간은 아니었다. 팥죽 한 그릇에 장자권을 야곱에게 팔아넘기는 경솔한 면은 있었지만, 아버지를 속이고, 자신이 누리기로 되어있던 온갖 복을 가로챈 그 얄미운 동생을 결국 용서하고 받아들이는 너그러운 성품의 소유자다. 자신의 영날을 위해 계획적으로 형을 배신하는 야곱의 행위야말로 하나님 앞에 정당화된다는 게 납득되지 않을 뿐이다.

형에게서 장자권을 뺏은 야곱은 열두 아들을 낳았다. 그 중에서 하나님의 축복을 받은 아들 역시도 야곱이 노년에 낳은 막내 요셉이다. 하나님은 장차 요셉이 형제들과 부모로부터 경배 받을 것을 일찍이 그의 꿈에 나타냈다. 요셉은 아버지 야곱이 예사롭지 않게 귀담아 들은 예지몽을 가족들에게 털어놓았다. 장유유서의 질서가 엄연한 형제 사이에 그의 꿈은 파란을 불러왔다. 장자권을 가진 맏형 르우벤과 다른 형들은 모욕을 느꼈을 것이다. 그렇잖아도 아버지의 사랑을 독차지해서 심기를 불편하게 만들었던 요셉이었다. 그런 녀석이 오만해져서 형들의 권위를 조롱해댄다고 분노했으리라. 상처받은 형제들은 요셉을 죽이고 싶을 만큼 증오했고, 결국 형제관계의 고리에서 그를 잘라내어 노예로 팔아버린다.

가족 간의 비극을 불러올 것을 뻔히 알면서도 하나님은 왜 장남 르우벤을 축복하지 않았을까. 르우벤에게 권능을 부여해서 야곱 일가를 장차의 재난에서 구원토록 하는 계획을 세웠다면 야곱의 가족들이 반목과 갈등으로 고통 받지 않았을 텐데 말이다.

기근으로 이집트로 들어온 야곱의 후손들은 세월이 흘러 이집트인들의 노예로 생활한다. 그들을 가나안 땅으로 탈출시키는 막중한 임무를 하나님에게 부여받은 사람은 모세, 그 역시

아론의 동생이었다.

이새의 아들 다윗은 또 어떤가. 다윗은 팔형제 중 막내였다. 일곱 형들을 제치고 막내인 그가 하나님의 택함을 받았다. 다윗의 왕위를 물려받은 솔로몬 역시도 그 위로 형들이 여럿 있었다.

솔로몬은 다윗이 우리아를 죽이고 빼앗은 여인 밧세바의 소생이다. 다윗과 밧세바의 부도덕한 관계에 그토록 분노했던 하나님은 왜 결국 불륜으로 더럽혀진 밧세바, 그녀가 낳은 아들 솔로몬으로 다윗의 후계자를 삼았을까. 성서 속의 밧세바는 더군다나 유혹적인 육체를 가진 것 외에는 판단력이 부족하고, 우둔한 여인일 뿐인데 그런 그녀에게 왜 그 같은 영예를 부여했을까.

다윗에게는 밧세바보다 훨씬 조신한 부인들이 있었다. 첫 번째 아내 미갈은 그녀의 아버지 사울 왕에 맞서 다윗을 죽음의 위기에서 구해준 용기 있는 여인이었다. 두 번째 아내 아비가일 역시 아름답고 현숙한 여인이었다. 밧세바보다 여러모로 미덕을 갖춘 그녀들의 아들이 하나님의 축복을 받기에 더욱 합당하지 않은가.

하나님의 섭리는 인간의 사고로 헤아려지는 것이 아닐 것이다. 그렇기에 인간적인 사고력밖에 작동시킬 수 없는 나는 성서 속에서 자꾸만 헤맨다. 장자권은 형제간의 권력다툼을 피하고, 가정 내의 질서와 평화를 유지하기 위해 인간들이 고안해낸 장치다. 장남에게 권력이 집중되는 인간사회에 하나님은 왜 잇달아 아우들을 축복하여 형제간을 반목하게 하고 가족관계를 혼란스럽게 만들었는가. 전능한 존재는 약하고 어린 자에게 보다 호의적인 것일까.

하나님에게 장자권이란, 어쩌면 졸렬한 것인지도 모른다. 우주 만물을 통찰하는 분이니 인간이 만든 장자권에 기대어 역사할 리가 만무한 것인지도…. 하나님의 의중을 감히 이해하기 위해, 이 저녁 조용히 묵상해본다.

스피드

횡단보도 신호등에 초록불이 켜진다. 좌측과 우측에서 달려오던 버스와 승용차, 밴과 트럭들이 빠르게 혹은 느리게 제동하면서 정지선 쪽으로 모여든다. 차량들의 정지 상태를 점검하기 위해 양방향을 번갈아 쳐다보면서 조심스럽게 도로로 들어선다.

횡단보도를 건널 때마다 악어의 늪에 뛰어드는 한 마리 누가 되는 기분이다. 재수 없으면 정지신호를 어긴 자동차가 어느 방향에선가 튀어나와 내 삶의 갈비뼈를 부러뜨릴지도 모른다.

매번 느끼는 거지만, 함께 길을 건너는 다른 행인들에겐 초식동물들이 가지는 예민한 긴장의 낌새가 없다. 초록 신호등이 켜지면 일제히 길을 건너기에만 바쁘다. 시선을 정면으로 고정한 채 재빠르게 도로 가운데로 걸어간다. 휴대폰으로 통화를 하면서, 앞 건물의 광고판을 바라보면서, 끌고 가는 개에게 정신을 팔면서도 일 분 전까지 전속력으로 달려온 차의 속도에 대해서는 유념치 않는다. 이제껏 맹렬하게 달려오던 차들이 어떻게 속도를 늦추고 정지하는지엔 아랑곳없이 도로를 횡단하기에만 바쁘다.

보행자가 규칙을 지켜 초록 불에 길을 건너는 것처럼 운전자 역시 규칙을 어기지 않을 거라는 확신에 찬 몸짓들이다. 의심과 불신으로 가득 찬 이 세상에 어울리지 않는 저 보행자들의 단호한 믿음이 나를 아연하게 한다.

국도나 시골길의 비좁은 갓길을 걸어가는 사람의 뒷모습을 만나면 불안해진다. 채 한 뼘이나 될까 한 간격을 두고 차들이 잇달아 곁을 스쳐 가는데도 행인은 태연한 걸음으로 길을 간다. 질주하는 차들 중의 하나가 조금만 각도를 잘못 틀어도 그이의 인생은 결딴이 나버릴 상황이건만, 만에 하나의 경우를 무시한 채 그이는 걸어간다. 그 어떤 차도, 도로와 갓길의 경계선인 가느다란 황색 선을 넘어오지 않을 거란 믿음, 그를 가해하지 않을 거란 믿음이 그를 뒤돌아보게 하지 않고 끝까지 그 길을 걸어가게 만드는 것이리라.

밀짚모자에 수건을 두른 공공근로 아주머니들이 도로의 중앙선에 조성된 화단가에 앉아 봄맞이 화초를 심는 일에 열중하는 것도 차가 알아서 자신들을 피해 갈 거라는 믿음이 전제됐기 때문이다.

하지만 나는 그들의 믿음에 동조할 수 없다. 자동차는 나에게 끊임없는 경계의 대상이다. 불신의 대상이다. 내가 차를 신뢰하는 순간은 네 바퀴가 구르기를 멈추고 정지해 있을 때뿐이다. 질주하는 자동차의 속도가 때로 의도한 궤도를 벗어나 결코 지향해선 안 될 방향으로 뛰어든다는 사실이 하시도 잊히지 않는다.

이제껏 차량으로 인해 신체에 어떤 상해를 입은 적은 없다. 그러면서도 차에 대한 과민한 경계는 무엇이든 의심하려드는 내 성정 탓이기보다, 예상치 못한 느닷없는 속도에 유린된 수많은 삶의 증례들을 나와는 동떨어진 현실의 것으로 치부할 배짱이 없어선지 모른다. 자동차의 속도에 만신창이가 된 허다한 생들이 있음을 알면서 신호등 하나에 모든 걸 맡기고 질주본능으로 후끈 달아오른 차들의 영역으로 가벼이 발을 들이밀 수는 없는 것이다. 내가 유난히 자동차에 대해 방어적인 건 시간이 흘러도 잊히지 않는 기억의 한 편린 때문인지 모르겠다.

오래전에 모 건설 현장사무소에서 아르바이트를 한 적이 있다. 밀양 — 창녕 간 도로 확장공사를 하는 곳이었다. 점심을 먹은 후엔 현장사무소 앞 논밭 사이로 난 도로변을 따라 산보를 하곤 했는데, 아마도 햇살이 눈부신 어느 초여름 날이었을 것이다.

길 아래 도랑에서 올라온 연두색 청개구리 한 마리를 보았다. 손가락 한마디쯤 되는 것이 올챙이 꼬리를 뗀 지 며칠 안 된

듯 어려 보였다. 길섶에 쪼그리고 앉아 그놈을 눈으로 좇았다. 갓 포장해 황색선이 샛노랗게 칠해진 까만 아스팔트 위를 개구리는 폴짝폴짝 횡단하기 시작했다. 기름 바른 듯 촉촉하게 반들거리는 양서류의 앙증맞은 몸놀림에 정신이 팔려 지근거리에 트럭이 다가오는 것도 알지 못했다. 트럭은 느닷없이 나타나 삽시간에 눈앞을 지나갔다.

트럭이 지나간 뒤, 아스팔트 위에는 동전만 한 작은 얼룩이 생겼다. 바로 몇 초 전, 개구리가 세상에서 마지막으로 착지한 자리에 생긴 얼룩이었다. 너무나도 생기롭던 개구리, 그것이 내 눈앞에서 순식간에 사라지던 광경은 머릿속의 회로들을 일시에 폭발시켜 수많은 크고 작은 하얀 점들로 가득 차게 만들어버렸다.

들판에는 싱싱한 초록의 파들이 가득했다. 파는 저마다의 소망으로 피워 올린 둥글고 흰 꽃들을 등불처럼 받쳐 들고 충일한 삶의 순간들을 찬미하고 있는데, 그 들녘 한편에서, 모든 것이 변함없고, 평화로 가득한 그런 시간에 한 생명체가 거짓말처럼 사라져버렸다는 사실이 나에게는 도저히 납득되지 않았다.

가해자도 피해자도 모두 사라진 한적한 도로가에는 사고의 목격자인 나만이 홀로 남아있었다. 방금 일어난 끔찍한 사고의 충격으로 망연자실 넋이 나간 채.

개구리의 죽음을 어떻게 받아들여야할지 혼란스러웠다.

트럭의 탓도, 개구리의 탓도 아닌데 비극은 고스란히 개구리의 몫이라는 게 어이없었다. 아니, 트럭의 탓이며, 개구리의 탓이라고 해도 여전히 망가진 건 개구리의 삶일 뿐이었다.

아스팔트 위의 얼룩은 햇살에 금방 말라버렸다. 그러나 내 망막에 새겨진, 지상에서 개구리가 마지막 남긴 흔적은 시간이 흘러도 도무지 사라지지 않았다. 그날 그 조그만 양서류 한 마리의 존재감은 내게 있어 한 사람, 인간의 그것과 다르지 않았다.

보행자들의 안이한 도로횡단을 경솔하게 여기면서도 때로는 그들의 대책 없는 방심이 부러울 때가 있다. 그들이라고 자동차가 가진 폭력성을 모를까마는 운전자가 속도를 제압해 줄 거라는 믿음, 자신에게 해를 끼치지 않을 거라는 믿음으로 태연하게 행동할 수 있는 것은 한 번도 그 믿음을 다쳐본 적이 없기 때문이란 생각이 든다. 별다른 불행의 체험 없이 마음 가벼이 찻길을 걸어갈 수 있는 사람들의 현실은 부러움을 살만하다. 인생을 사는 내내 매사를 낙관하며 살 수 있다면 그보다 더한 축복이 있을까.

하지만 이 험난한 세상에서 그들의 낙관적 인생이 계속 유지되기 위해서는 최소한 도로를 건널 때 초록신호에 전적으로 의지하는 습관은 버려야한다. 차들의 질주본능은 신호등에 떠오른 초록 불보다 훨씬 강렬하므로.

5

우울한 날에는 시장에 가지 않는다

화장하는 시간

1

나는 평범한 여자들이 소박하게 화장한 얼굴을 좋아한다. 어떤 이들은 꾸미지 않은 그대로의 얼굴이 자연스러워 좋다 하지만, 내가 생각하건대 화장이란 여자에게 있어 그녀의 현재를 나타내는 신호등과 같다.

삶에 대한 의지가 없는 여자는 화장하지 않는다. 몸이 아프거나 마음이 괴로울 때 화장하고 싶은 욕구는 저 멀리 달아난다. 그러기에 곱게 분을 먹은 여자의 볼과 마주칠 때면, 그 여자가 지금 누리고 있는 건강한 일상과 행복을 읽게 되고 덩달아 나도 즐거워지는 것이다.

여자들 가운데서도 어머니가 화장한 얼굴을 보면 특별히

마음자리가 평화롭고 넉넉해진다. 균형을 잡지 못해 이리저리 기울던 내 마음의 저울추가 조용하게 한 지점에 정지되는 듯 안정감이 느껴진다.

그런 마음은 어린 시절에 더욱 절실했었다. 젊은 날의 어머니는 좀처럼 화장하는 일이 없었다. 낮에 가게 일을 하는 동안에도 립스틱 한번 바르는 일 없이 늘 민얼굴이었다. 그런 어머니의 얼굴은 생기 없이 거칠어 보였고 그래선지 행복해보이지도 않았다. 어머니가 혹시라도 불행한 삶을 살고 있다면 그건 내게 우울한 일이었다. 어머니의 삶을 근심스럽게 만든 원인 가운데 하나가 분명 나일 거라는 자괴감에 마음이 무거워지곤 했다.

학교를 파하고 돌아온 오후에 어쩌다 가끔 화장한 얼굴의 어머니를 만날 때가 있었다. 파운데이션을 펴 바른 얼굴 위에 눈썹과 입술을 곱게 그린 어머니의 얼굴은 활기차 보였다. 적어도 생이 버거운 사람처럼 보이지는 않았다. 그럴 때면 어머니에게 가졌던 걱정들이 부질없는 것처럼 느껴졌고, 앞으로도 어머니의 손끝에서 우리 가정의 모든 일들이 순조롭게 풀려나갈 거란 낙관이 가슴 가득 차올라서 마음이 깃털처럼 가벼워지곤 했다.

이제 어머니는 일흔이 넘었지만 나는 아직도 어머니가 화장하고 잘 차려입은 모습을 볼 때면 기분이 좋아진다. 생에 대한 의욕이 여전한 것 같아 기쁘고, 당신 존재에 대한 관심을 잃지 않은 것 같아서, 어머니에게 고마운 마음이 든다.

2

이따금 지하철에서 화장하는 여자들을 본다. 그녀들은 대개 색조화장품이 가득 든 두툼한 파우치를 꺼내 무릎 위에 올려놓고서, 손거울을 들여다보며 세심하게 화장을 한다. 분첩으로 열심히 얼굴을 두드린 다음엔 펜슬로 꼼꼼히 눈썹을 그리고, 속눈썹에 마스카라 칠을 한다. 입술을 양옆으로 늘여 립스틱을 바른 뒤, 볼에 블러셔로 음영도 정성껏 넣어준다.

목적지까지 하릴없이 앉아가는 열차 안 사람들에게 그녀는 좋은 눈요깃감이다. 퍼포먼스라도 하는 듯한 동작에 아예 시선을 고정시키는 사람도 있다. 상대방을 노골적으로 바라보는 것은 실례다. 그러나, 화장하는 여자 자신이 다른 사람의 시선 따위는 개의치 않으며, 쳐다봐도 상관없다는 태도여서 대놓고 바라보는 사람들도 맘 쓰이지 않아 홀가분하다.

그녀는 무아지경에 빠져든 듯하다. 그 순간과 그 공간에 존재하는 것은 오직 자신과 거울 속 자신의 얼굴뿐인 것 같다. 화장에 열중하고 있는 여자를 보노라면 그녀가 안중에도 두지 않는 우리란 군중들은 공중에 떠다니는 먼지보다 가벼운 존재인 것처럼 느껴져 야릇한 모욕감이 일 지경이다.

골고루 지참해 다니는 화장품으로 미루어, 그녀는 지하철로 이동하는 아침시간마다 매번 화장에 몰두하는지 모른다. 하릴없이 보내는 시간을 활용하려는 계산일 수 있다. 아니면 늦잠을 잔 탓에 그 아침 지하철에서의 단장이 불가피했는지도. 어떤 이유건 그녀는 대충 눈썹이나 그리고, 립스틱 쓱쓱 문지르고 마는 형식적인 화장 따윈 하지 않는다.

그녀는 당당하다. 화장은 시간과 공간에 구애받을 일이 아니라고 생각한다. TV 보고, 차 마시고, 신문 읽는 일처럼 그녀에겐 화장도 그런 성격의 일이다. 간료한 사고방식의 그녀를 보고 있으면 똑같은 일을 복잡하게 생각하는 내가 구차스럽기도 하다.

그렇다. 나는 여자의 화장을 그녀와는 다르게 인식한다. 차 마시거나, 신문 읽는 일과는 다른 성격의 것. 세상사 중에서도 되도록 은밀하게 행해야 할 일이라고 여긴다.

화장을 통해 여자는 매일 새롭게 탄생한다. 칙칙하고 어둡던 피부색이 화장을 통해 환하게 살아나고 눈과 입매가 선명해진다. 화장한 여자의 분위기는 마술처럼 아름답게 바뀐다. 진정, 화장은 마술과 같다.

마술은 결코 그 과정을 드러내지 않기에 신비로운 것이다. 보자기로 가리지 않은 채 탁자 밑에서 꺼내 보여주는 비둘기가 과연 경탄스러울까. 그것은 은유라곤 없는 실험보고서나 마찬가지다. 과정을 알고 나면 마술은 허무해지고 때로 환멸마저 느끼게 한다.

그래서 아름다워지는 과정을 모두의 앞에 적나라하게 드러내는 여자의 얼굴에선 신비감이 느껴지지 않는다. 그 여자가 공들여 한 그것은 화장이 아니라 분장이나 변장인 것만 같다.

여자들끼리만 은밀하게 나눠야 할 아름다움의 비법을 함부로 유출시키는 그녀가 원망스럽기까지 하다.

화장에 몰두하는 저 여자가 사랑하는 사람 앞에서도 화장품을 꺼내들까 조바심이 인다. 그의 앞에 숱이 듬성한 눈썹을 내놓고 펜슬로 칠해대는 건 그가 이제 막 읽으려는 그녀라는 소설의 내용을 미리 말해버리는 경솔한 짓이니까. 패션쇼의 분장실이 관객에게 공개되지 않는 것처럼, 화장도 그녀의 방 안에서 완성되었으면 한다.

지하철에서 화장하는 여자를 만나면 마치 그녀가 속이 비치는 슈미즈 바람으로 거울 앞에 앉아 있는 느낌이 들어 바라보기가 늘 아슬아슬하다.

빛나는 세라핌

영남 필하모닉 오케스트라 연주회에서 소프라노 이영은과 트럼펫 주자 손명균의 연주를 들었다. 연주곡은 헨델의 오페라 삼손 중의 <빛나는 세라핌>. 세라핌은 하나님을 찬양하는 천사를 일컬으며, 이 노래는 이스라엘 여인들이 하나님의 영광을 찬양하는 내용이다.

이 곡에 대한 사전지식 없이 연주 프로그램을 펼쳤을 때, 트럼펫과 소프라노의 협주란 어쩐지 어색하다 싶었다. 사라 본이나 빌리 홀리데이 같은 재즈 보컬 위에 얹힌다면 모를까, 트럼펫의 터질 듯한 금속음이 소프라노의 비단결같이 고운 아리아와 조화를 맞출 성싶지 않았다. 그러나 정작, 손명균의 트럼펫은 피아노나 현악기와는 또 다른 소리의 매력으로 소프라노의 연주와 화려한 하모니를 이루었다. 트럼펫을 생전 처음 들은 것처럼 연주 내내 충격을 느꼈다.

집에 돌아와서는 조수미가 연주하는 <빛나는 세라핌>의 시디 음반을 찾아내어 또 넋을 놓고 들었다. 조수미의 연주도 연주지만, 그녀의 연주를 당기고 밀어내는 트럼펫 소리에 귀를 빼앗겼다. 이후로 나의 오디오에서는 트럼펫과 조수미의 초절기교의 소프라노가 한동안 끊이지 않고 흘러나왔다.

<빛나는 세라핌>을 듣고 있으면, 마릴린 먼로와 조 디마지오가 떠오른다. 콜로라투라 소프라노의 아리아와 트럼펫처럼 어쩐지 어울리지 않는다고 생각했던 두 사람. 그들의 결혼.

조 디마지오. 1950년대까지 활약했던 미국 양키스 구단의 강타자. 1947년 아메리칸리그 MVP, 1955년 명예의 전당에 헌액된 전설적인 야구선수. 그런 그가 어느 시범경기에 야구선수 복장으로 나온 마릴린을 보고 그만 마음을 빼앗긴다.

두 사람은 1954년 1월 샌프란시스코 시청에서 결혼식을 올린다. 세간에서는 마릴린이 자신의 이미지 쇄신을 위해 조를 택했다고도 한다. 전 미국에 이슈가 된 결혼이었지만 결혼식은 조촐하기 짝이 없었다. 결혼예복으로 목까지 단추를 꼭 끼운 투피스를 입고 나타난 신부 마릴린은 화려한 부케 대신 양란 세 송이를 들고 있었다. 식은 3분 만에 끝났다. 세상의 주목을 받는 두 사람이지만 결혼생활만큼은 사람들의 관심에서 벗어나

평범하고 조용하게 이어가고 싶었던 조 디마지오의 의지가 표현된 예식이 아니었나 싶다.

그러나 그토록 소박한 결혼생활을 원했다면 조가 마릴린을 택한 것은 잘못이었다. 마릴린은 그의 인기를 능가하는 스타였고, 단순한 여배우가 아닌 미국 사회의 섹스 심벌이었다. 결혼식 때는 청교도 부인에게나 어울리는 투피스를 입혔다 해도 언제까지나 그럴 수는 없었다. 조는 마릴린을 사랑했지만, 지극히 보수적인 사고방식을 가지고 있던 그가 분방한 마릴린을 참아내기는 어려웠을 것이다.

그들의 결혼은 9개월 만에 끝났다. 여러 갈등이 있었겠지만 이혼의 빌미가 된 것은 영화 <7년만의 외출>의 홍보사진 촬영이었다. 바람에 부풀어 가슴까지 솟구치는 하얀 치맛자락을 양 손으로 누르면서도 너무나 즐겁다는 듯 환하게 웃는 저 유명한 미릴린의 포즈. 그 포즈의 촬영을 위해 마릴린은 2시간 동안 렉싱턴 애비뉴 지하철 환풍구 위에 서서, 수많은 군중이 운집한 가운데 치마를 뒤집었다.

구경꾼들은 마릴린의 치마가 허리 위로 올라갈 때마다 환호성을 울렸지만, 아내를 픽업하기 위해 밤늦게 촬영장에 도착한 남편의 억장은 무너졌다. 두 사람은 이 일로 심한 부부싸움을 했고 끝내 이혼하고 말았다. 마릴린은 그 후 극작가 아서 밀러와 또 한 번의 결혼생활을 꾸렸고, 케네디 형제들을 비롯한 여러 유명인들과도 염문을 뿌렸다.

조는 1999년 사망할 때까지 다시 결혼하지 않았고, 마릴린이 생을 마감할 때까지 그녀의 변함없는 후견인이 되어주었다. 그녀의 장례식을 치른 사람도 조 디마지오였다.

마릴린은 떠나갔지만 조는 살아생전 그녀를 떠나보내지 못했다. 그에게는 지키기로 했던 그녀와의 약속이 있었다. 결혼식 날 손에 쥐고 있던 양란이 시들었을 때, 불길한 예감에 휩싸인 마릴린은 조에게 부탁했었다. 만약 그녀가 먼저 죽게 되면 매주 자신의 묘지에 꽃을 보내달라고. 조는 그러겠다고 대답했고, 죽음에 이를 때까지 그 약속을 지켰다.

40년 가까운 긴 세월 동안 매주 꽃다발을 들고서 죽은 전처의 묘지를 찾아간다는 것은 고인에 대한 깊은 애정 없이는 할 수 없는 일이다. 조는 한 주에도 두 번이고, 세 번이고 마릴린에게 꽃을 전했다. 그의 사랑도 함께 전했다. 조의 마음속에 마릴린은 아마도 평생을 다해 정신적인 아내로 자리했던 것 같다.

다발성경화증으로 비극적인 짧은 생을 마친 첼리스트 자클린 뒤 프레는 하늘에서도 통곡할 일이다. 그녀가 죽은 뒤에 그녀의 남편, 세계적 지휘자 다니엘 바렌보임은 자클린의 묘지에 평생 한 번도 찾아가지 않았다고 하니 말이다.

사람의 혀가 만들어내는 '사랑한다'는 말, 참으로 부박하지만 장례식날 마릴린의 시신 앞에서 조가 했던 사랑의 고백에서는 오랜 세월 마릴린의 묘지에 바친 꽃들을 다 합친 것보다도 아름답고 고결한 향기가 풍기는 듯하다.

'당신을 사랑해, 사랑해, 사랑해!'

한국화가 김동유의 그림 중에 <청색 마릴린>이란 작품이 있다. 화면엔 특유의 시원한 웃음을 머금은 마릴린 먼로의 얼굴이 푸른빛으로 크로즈업 되어 있다. 그러나 작품을 가만히 들여다보면 우표크기의 또 다른 한 사람의 인물화가 수천 개 조합되어 마릴린의 얼굴을 만들어낸다는 걸 알게 된다. 그녀의 얼굴 속에 숨은 인물은 존 F. 케네디다. 세간에 알려진 마릴린과 케네디의 스캔들이 두 사람을 그렇게 한 작품 속에 결합시켜 놓았으리라.

그러나 아쉽다. 마릴린의 얼굴 속에 영원히 깃들어야 할 사람은 케네디가 아니라 조 디마지오여야 한다는 생각을 떨칠 수가 없다. 나타났다가 사라지기를 반복하는 그림 속 푸른 마린릴의 미소. 그녀의 미소를 누구보다 사랑했고, 또 그리워했던 사람은 오직, 조 디마지오라는 생각을 지울 수가 없기에.

<빛나는 세라핌>을 들으며 세월 속에 희미해져가는 조의 사랑을 기려본다. 하나님을 찬양하는 천사가 세라핌이라면, 마릴린의 영원한 수호천사는 조 디마지오가 아니었던가 생각하며.

염장다시마

삼복 무더위
난전 포대자루 안에
다시마와 소금이 꼭 끌어안고 있다
대기가 달아오를수록
소금은 다시마를 더 세게 껴안는다
바다를 떠난 이상
다시마를 지켜주는 건
소금뿐이다
내륙으로 너무 깊이 들어왔다
탈진한 지 이미 오래지만
다시마는 소금을 놓지 않는다
언젠가 물을 만나면
바다는 다시 네 안에서 부풀어 오른다고

포대자루가 열릴 때마다
하얗게 곤두서며
소금이 일러주는 까닭이다

—졸시, <염장다시마>—

어느 겨울 밤, 연탄을 갈러 나갔던 엄마가 놀란 얼굴로 뛰어 들어와 아버지를 불렀다. 무슨 일인가 싶어, 잠바를 걸치고 나가는 아버지를 따라 가봤다. 연탄보일러실로 들어갔다. 일산화탄소가 섞인 탁한 공기가 코끝에 훅 끼침과 동시에 화덕 근처에 장독처럼 웅크린 거지여자가 보였다.

덕지덕지 껴입은 누더기 옷과 땟국에 전 얼굴 때문에 나이를 가늠하기 어려웠던 그 여자는 더러운 포대기에 싸인 아기를 꼭 끌어안고 있었다. 영하의 추위를 피해 밤을 날 요량으로 보일러실에 숨어든 모양이었다. 그러나 한파는 피한다 해도, 자칫 가스에 중독되어 흉사를 당할 수 있는 위험한 처신이었다.

여자는 우리 가족의 출현에도 놀라거나 두려워하는 기색이 없었다. 아버지가 다른 거처를 찾아보라고 말했을 때도 그저 무표정이었다.

그녀는 어떤 온정도 간청하지 않고 순순히 자리에서 일어났다. 그런 상황에 익숙한 것 같았다. 거부당하고, 쫓겨나고, 추운 밤을 떠도는 혹독한 상황을 겪는데 이골이 나서 절박한 상황에 직면해도 더 이상 참담해하지 않는 듯했다.

그러나, 세상의 벼랑을 따라 걸어가는 삶의 와중에서도, 품속의 아기만큼은 꼭 끌어안고 있는 모습을 보자니, 어쩌면 아기만 떼어내지 않는다면 여자는 그 밖의 일이야 어찌됐든 상관없다고 여기는지 모르겠단 생각이 들었다.

여자는 아기 때문에 더 비참한 것 같기도 했고, 아기가 있어 덜 비참한 듯도 했다. 아기는 그런 엄마에게 태어나 불행한 것 같기도 했고, 그래도 소중하게 품어주는 엄마가 있어 행복한 것 같기도 했다. 내가 혼란스러운 감정에 휩싸여 있는 사이, 여자는 연탄불의 온기가 살짝 깃들었던 얕은 잠을 털어내고 다시 칼바람 부는 어둠 속으로 비척대며 걸어 나갔다.

그렇게 떠나간 거지여자를 나는 잊지 못했다. 문득 문득 그 여자를 생각했다. 길가에 굴러다니는 연탄재, 지하도에 엎드린 걸인, 찬바람 부는 적막한 겨울밤, 이런 것들을 만나면 매번 그 여자가 떠올랐다. 포대기를 끌어안은 여자는 삼십 년 동안 내 기억 속의 집에서 수도 없이 쫓겨나고 또 쫓겨났다.

인적 없는 캄캄한 밤, 살을 찢어발길 듯한 북풍 앞에 홀로 선 여자는 어떤 심정이었을까. 여자가 아기를 안고 나간 곳은 단지 집 밖의 골목이 아니었다. 대문을 나서는 순간, 아득한 절벽 밑으로 입술을 깨물고 뛰어내린 거나 마찬가지였다.

어쩔 땐 돌연히 나타났다 사라져버린 그 여자에 대한 기억이 한 조각의 꿈같기도 했다. 혹은 그 여자, 내 소녀기의 상상력이 만들어낸 허구의 인물일지 모른다는 생각도 했다. 그러나 그 모진 겨울밤에 거지모자에게 느꼈던 죄책감이 오늘 같은 염천에도 얼음조각처럼 혈관 속에 서걱대는 걸 보면 몸소 겪지 않은 일이라고 부정할 순 없겠다.

여름 한낮에 시장에 갔다가 염장다시마가 그득 담긴 포대와 마주쳤다. 짜디짠 소금의 품에 안겨 폭염에도 썩지 않는 다시마를 보자니 문득 그 겨울의 거지모자가 생각났다. 다시마의 표면에 촘촘히 달라붙은 하얀 소금이 맹목적이고도 지독했던 여자의 모성처럼 느껴졌다. 낡고 더러운 포대 속에 든 게 한순간, 다시마가 아니라 거지모자 같았다. 오래전 그때처럼 무표정한 얼굴의 그 여자가 두 팔로 아기를 꼭 끌어안고 있었다.

이후로 염장다시마만 보면 그들 모자가 떠올랐다. 혹독한 삶 속에서도 아기를 포기하지 않던 여자는 아기를 지키기 위해서라도 그 겨울의 차디찬 밤들을 이어갔을 것이다. 엉덩이 붙일 곳 한 뼘 구걸하지 않고, 한숨 소리 한 자락 없이 밤거리로 나서던 여자가 생각나서 양푼에 풀어놓은 염장다시마에는 매번 물을 붓기가 힘들다. 여자와 아기를 모질게 갈라놓는 기분이 들어서다.

소금 같던 여자, 오늘 밤에도 그 허기진 품속에 무언가를 끌어안고 있을까.

트로이메라이

누구에게 걸었던 전화인지 모르겠다. 상대의 휴대폰에서는 신호음 대신 아름다운 선율이 흘러나왔다. 상대는 얼른 전화를 받지 않았고 나는 그만 멜로디에 빠져들었다. 내가 전화를 걸고 있다는 것도, 상대가 오래도록 전화를 받지 않는다는 것도 잊은 채 하염없이 수화기에 귀를 대고 있었다. 그날, 고맙게도 상대가 끝내 통화를 허락하지 않아서 넋을 놓고 들을 수 있었던 음악은 <트로이메라이>였다.

어디서건 <트로이메라이>가 들리기만 하면 내 정신은 포박당한다. 최면에라도 걸린 것처럼 동작과 생각을 멈추고 그 멜로디에 집중하게 된다. 그리고 멜로디가 이끄는 대로 지나간 시간의 어느 지점으로 향해간다.

징검돌처럼 내 앞에 놓이는 피아노의 한 음, 한 음을 밟아 가면 초록의 싱그러운 정원이 나타난다. 키 작은 향나무와 금목서 그리고 수선화가 피어나는 정원. 그 정원 한가운데는 비단잉어들이 헤엄치는 둥근 분수대가 있다. 세일러복을 입은 곱슬머리 소녀가 분수대 가에 걸터앉아있다.

수업이 끝난 토요일의 하교시간, 소녀는 눈부시게 파란 하늘의 구름들을 손차양 너머로 올려다보며 정원 여기저기를 잔잔하게 울리는 <트로이메라이>에 귀 기울인다. 행복과 평화가 넘쳐나는 가슴을 지그시 누르며 말이다.

푸른 수목과 비단잉어들의 정원을 나는 사랑했다. 그 정원은 오래전 내가 다닌 중학교, 금정여중의 교정이었다. 다른 학교는 교정이라고 해봤자 운동장과, 담장 밑이나 교사외벽을 따라 만든 좁다란 화단이 전부지만 금정여중의 교정은 그 격이 달랐다. 말하자면 일반적으로 교사 앞에 펼쳐지는 운동장 자리가 몽땅 정원으로 조성되었던 것이다. 그 정원의 왼편에 난 계단을 따라 내려가면 잘 닦은 널찍한 운동장이 나왔다.

학교교사가 밋밋한 건물이 아닌, 빅토리아풍의 뾰족지붕으로 지어졌더라면 더할 나위 없이 멋졌겠지만 그것까지 바란다는 건 지나친 욕심일 것이다. 어쨌거나, 나는 그 시절 부산에서는 최고로 조경이 잘된 학교에서 공부하는 행운을 누렸다. 그 학교를 다녀서 너무 좋았다. 어린 시절에 나무나 화초가 자라는 마당 있는 집에 살지 못했기에 그에 대한 결핍이 있었던 나로서는,

비록 내 집은 아니더라도 날마다 넓은 정원이 딸린 학교로 등교해 그곳에서 하루를 보내는 게 즐거웠다. 세월이 흘러 졸업하던 날, 내가 슬펐던 건 그 아름다운 정원을 떠나야 한다는 이유 때문이었다.

점심시간이나 하교 무렵이면 교정에는 자주 <트로이메라이>가 흘렀다. 그토록 빈번하게 <트로이메라이>를 틀었던 건, 방송실의 누군가가, 아니면 학교 선생님 중의 누군가가 그 음악을 사랑했던 까닭인지 모르겠지만, 느리고도 부드럽게 울리는 피아노의 선율은 교정의 아늑하고 낭만적인 분위기와 무척 잘 어울렸다. 그래서 모교를 생각하면 주제곡처럼 떠오르는 음악이 <트로이메라이>인 것이다.

독일어로 '꿈'이라고 하는 <트로이메라이>는 슈만이 자신의 어린 시절을 회상하며 작곡한 <어린이의 정경> 중 일곱 번째 곡으로, 서정적이고도 몽환적인 멜로디로 대중에게 잘 알려져 있다. 마치 꿈속에서 고요한 호숫가를 산책하는 그런 기분에 잠기게 하는 곡이다.

슈만은 클라라와 결혼했지만 행복하지는 못했던가 보다. 자살하기 위해 라인 강에 투신하기도 했고, 정신질환에 시달리다가 결국 46세의 한창 나이에 세상을 떠났다. 어른으로서의 삶이 불행했기에 어린 날을 그리워했을까. 그리움 가득한 그 마음이 어린이의 정경을 작곡하게 만든 것인가. <트로이메라이>를 들으면 그의 어린 시절은 더없이 안온했을 듯싶다. 그리고 행복한 날들을 반추하며 곡을 반드는 동안에라도 우울했던 그의 중년이 포근했기를 바란다.

금정여중에 오기 전, 나는 D여중에서 1학년 1학기를 다녔다. D중학교에서의 6개월은 참 힘이 들었다. 우선 초등학교 때와는 많이 다른 중학교의 분위기에 적응하기 어려웠다. 금지하고 통제하는 것 투성이었고, 규칙을 어기면 곧바로 폭력적이고 거친 처벌로 응징하는 학교가 무서웠다. 게다가, 담임선생님은 키순이 아니라 성적순으로 학생을 책상에 앉히는 분이었다. 내가 어떤 아이인지는 관심도 없고, 오로지 내가 내는 시험성적만을 나의 전부로 평가하는, 목소리 우렁차고 풍채 좋은 그 남자선생님은 한 학기 내내 담임이 아니라 교장처럼 멀게만 느껴졌다.

축대 위에 높다랗게 세워진 학교 건물도 긴장감을 유발시켰다. 운동장을 따라 나지막하게 엎드려 있던 초등학교 교사와 다르게 어딘지 행정기관의 청사처럼 위압적인 느낌을 주었다. 결정적으로 그 학교에 정이 떨어진 건 수업시간에 문제를 못 풀면 사정없이 뺨을 때리던 수학 선생님 때문이었다.

그 당시 나는 중학교에 적응하지 못하는 것을 모두 내 탓으로 여겼다. 학교는 공정한 곳이라 학생들에게 어떤 잘못도 행할 리가 없다고 생각했다. 그래서 학교에서 맘 상하는 일을 겪어도 내가 어리석고 부족하기 때문에 생기는 결과라고, 모든 화살을 자신에게로 돌렸다.

생각하면, 나는 그때 한 마리 해삼과도 같았다. 해삼은 외부로

부터 공격을 당하면 자신의 내장을 실처럼 뿜어낸다고 한다. 살기 위해서 자해를 한다. 몸의 일부인 내장을 상대방에게 먹이로 떼어주는 고육지책으로 자신을 방어하는 것이다. 나도 그랬다. 학교가 주는 스트레스를 해결하는 방법을 몰랐던 내가 현실을 감당하기 위한 방법으로 택한 것은, 고작 내 어린 자아를 번번이 할퀴고 또 찢어대는 일이었다. 그러나 당시에는 내가 나 자신을 잔혹하게 공격한다는 사실조차 알지 못했다.

그런 와중에 금정여중으로 전학을 간 건, 부모님이 내 처지를 딱하게 여겨 내린 결정은 아니었다. 중학교에 진학한 뒤 겪었던 여러 갈등에 대해선 부모님에게 한마디도 털어놓지 않았으므로, 내 마음속에 어떤 괴로움이 있으리라곤 짐작도 못했을 것이다. 부모님은 다만 집안사정상 이사를 감행했지만 그것이 나에게는 내 아픔을 알아주는 신의 보살핌처럼 느껴졌다.

담임에게 작별인사를 하러 갔을 때 선생님은 전학 서류파일을 내어주며 '끝에서 끝으로 가는구나!'라고 한마디 툭 뱉었을 뿐이다. 그 말이 축복인지 조롱인지 몰랐지만 나는 그가 뭐라고 하건, 그를 떠날 수 있어서 행복했다.

금정여중에 전학수속을 하러가던 날, 별 기대가 있었던 건 아니었다. D여중을 떠난 건 좋았지만 같은 도시 안의 중학교로서 달리 특별할 게 있을까 싶었다. 그러나 플라타너스 나무들이 늘어선 제법 가파른 오르막길을 올라 교문 앞에 당도했을 때, 교문 창살 사이로 보이던 교정의 첫인상은 내 관자놀이의 핏줄을 뛰게 했다. 수업 중이었던지 교정엔 사람의 모습이 보이지 않았다. 누구도 나를 반겨주는 사람은 없었지만 이상하게도 교정의 모든 것들에게서 내 존재가 기꺼이 수용되어지는 우호적인 기운을 느꼈다. 안심이 되고 기뻤다. 여기라면 적어도 해삼처럼 굴지 않아도 될 것 같아서 방어적이던 마음이 적이 풀리는 느낌이었다.

규칙과 강제와 처벌은 이곳에도 존재했다. 성적이 중요시되는 것 또한 같았지만 그것이 마음을 베일 만큼 날선 느낌은 아니었다. 새 담임은 체구가 작고 피부가 하얀 미혼의 여선생님이었다. 막내고모 같은 느낌을 풍기던 그분은 독선, 군림, 권위와 같은 경직된 이미지와는 거리가 멀었다. 웃음이 많고 해맑은 분이었다. 성적순으로 맨 앞자리에만 앉았던 나는 이 학교에선 중간열의 빈자리를 배정받아 학기말까지 쭉 눌러 앉았다.

끝에서 끝으로 간다던 이전 학교 담임의 말은 들어맞았다. 그러나 단순히 도시의 끝에서 끝으로 옮겨갔던 건 아니었다. 나는 음지를 떠나 양지로, 사막을 떠나 초원으로 이동한 것과 다르지 않다는 생각을 하곤 했다. 선물과도 같은 이 행운을 떠나온 학급의 아이들에게 자랑하고 싶었다.

청소년기를 힘들게 시작하던 내 앞에 나타난 금정여중. 메말라 푸석하게 먼지를 피우던 마음에 위로와 휴식을 안겨준 그곳은 이후로도 변함없이 내 심중에 포근한 안식처로 자리했다. 어른이 되어 고단한 삶을 살아가는 와중에도 정신의 안식처가 되어주는 그곳을 향해 마음은 달려가곤 했었다.

유리처럼 투명하며 또한 위태롭던 소녀 적의 자취와 <트로이메라이>의 나날이 깃든 곳. 정원에 내리던 환한 햇살과 분수대에 일렁이던 청량한 물결의 그림자와 구월의 금목서 향기가 그윽하던 곳.

그립던 그곳, 금정여중을 다시 찾은 건, 졸업식날 이후로 삼십 년의 세월이 흐른 뒤였다. 학교에 도착했을 땐 빠르게 이동한 겨울저녁의 어둠이 교정 위에 제법 짙게 드리워져 있었다. 어둠이 깃든 학교의 모습은 별로 달라진 게 없는 듯했다. 정원의 구조도, 운동장도, 교사도, 기억 속의 그것과 여전히 같았다. 저녁의 방문이 차라리 다행이었다. 아무려나, 삼십 년이란 세월이 흘렀는데 변화가 없진 않을 터였다. 그런 까닭에 어쩔 수 없이 느껴야 하는 서먹함도 있으련만, 어둠은 나와 학교 사이에 생길 법한 괴리감을 희석시켜주었다.

그 사이 학교는 남녀공학으로 바뀌었고 교명마저 '금양중'으로 변경되어 있었다. 하지만 학교가 파하고 학생들이 모두 귀가한 시각이라 내 감상을 깨트릴만한 남학생들은 교정 어디에도 보이지 않았다.

날래고 가는 몸으로 백 미터 달리기를 하고, 경기민요에 맞춰 부채춤을 추던 운동장을 둔중해진 육신으로 한 바퀴 천천히 돌아보았다. 어쩌면 나는 오랜 세월 학교를 찾는 것을 원하면서도 두려워했는지 모른다. 그건 아마도 내 기억 속에 자리한,

아름다운 어린 날의 정경이 혹시나 훼손되지는 않을까 하는 우려 때문이었을 것이다. 그러나 다시 돌아온 학교는 어머니가 흔들어주는 요람처럼 아늑하고 평온했다.

잔디밭가를 따라 하얀 수선화가 피어나고, 금목서 향내 진동하는 구월의 어느 밝은 낮에 다시 그곳을 찾고 싶다. 그때 어쩌면, 만약 신이 또 한 번 나를 축복한다면 교정 가득 울려 퍼지는 <트로이메라이>를 들을 수 있지 않을까.

눈물의 왕, 다윗

카라바조의 만년 작품 중에 <골리앗의 머리를 들고 있는 다윗>이라는 그림이 있다.

어둠 속에서 한 발짝 조명 앞으로 다가선 다윗은 쭉 뻗은 왼손에 방금 잘라온 골리앗의 머리통을 쥐고 있다. 눈을 부릅뜬 채 목에서 피를 뚝뚝 흘리는 골리앗의 머리. 근육질과는 거리가 먼 몸에 양치기들이 입는 남루한 옷을 걸친 시골소년 다윗은 연민 가득한 눈으로 거인의 머리를 바라보고 있다. 다윗의 표정은 착잡하다. 그의 표정 어디에도 승리의 도취나 승자의 거만함 따위는 없다. 그는 다만 골리앗의 잘린 머리를 통해 삶과 죽음, 과거와 미래, 신에 대한 인간의 배반과 순종의 역사를 뚫어보고 있는 듯하다.

카라바조가 그려낸 다윗의 모습에 나는 적이 공감한다. 성서를 읽어보면 다윗은 분명 그런 남자였기 때문이다. 출중한 영웅임에도 불구하고 범연한 인간으로서의 삶을 진솔하게 끌어안고 살았던 다윗을, 슬픔을 느끼면 울기를 주저하지 않았던 눈물 많은 남자를 성서의 행간에서 발견하게 된다.

다윗은 양치는 목자시절부터도 함부로 동물을 해치지 않았다. 그랬기에 난생 처음 인간을 살해했을 때의 심경은 복잡했을 것이다. 조국의 명예를 높였다는 자긍심과 더불어, 한 인간의 목숨을 앗은 데 대한 끈끈한 회한이 카라바조가 그린 다윗의 얼굴에 그늘처럼 깃들여 있다. 골리앗의 잘린 목을 응시한 순간 다윗은 알아차린 것 같다. 자신이 원치 않는 삶, 살육으로 점철된 피비린내 나는 생애를 어쩔 수 없이 살아가야 한다는 것을.

예정된 운명을 따라 가듯, 골리앗을 죽인 뒤에 다윗은 자신이 섬기던 사울 왕에게 목숨을 걸고 맞서야 하는 상황에 처한다. 살아남기 위해서는 끊임없이 자신을 위협하는 사울을 죽여야 했지만, 다윗은 그러지 않았다. 하나님이 죽이든 살리든 마음대로 하라고 한 사울이었으나, 자신이 모시던 왕을 죽일 수는 없노라 부르짖으며 돌아섰던 것이다.

그 사울 왕이 블레셋과의 전투에서 패해 죽음을 맞았다는 소식을 들었을 때, 다윗은 아버지의 임종 소식을 접한 것처럼 울었다. 옷을 찢고 통곡했다.

자식 때문에도 다윗은 많은 눈물을 흘렸다. 그가 평생을 통틀어 행한 과실이라면, 유부녀 밧세바를 임신시키고, 그 사실이 발각될까 두려워 그녀의 남편 우리아를 죽인 일이다. 물론 그 죄는 용서받을 수 없는 것이어서 하나님은 다윗에게 저주를 퍼붓고, 밧세바가 낳은 아이를 죽이고 만다.

아이는 죽기 전에 심하게 앓았다. 다윗은 아이가 앓는 칠일 동안 금식하면서 밤새도록 땅에 엎드려 하나님에게 아이를 살려 달라 간구했다. 그에겐 이미 많은 자식들이 있었다. 그럼에도 죄지어 낳은 자식을, 하나님이 거두어가려고 작정한 줄 뻔히 아는 자식을 위해 악착같이 매달렸다. 다윗이 그토록 간절히 굴었던 것은, 선한 천성 탓도 있지만 그가 아이에 대해 죄책감을 느낀 때문인지 모른다. 부모가 저지른 잘못을 뒤집어쓰고, 태어나자마자 죽어야 하는 아이를 바라보며 다윗은 통한의 눈물을 흘렸을 것이다. 모르긴 해도 밧세바의 남편 우리아를 전투의 최전방에 내세워 죽게 한 날에도 다윗은 골방에 들어가 울지 않았을까.

다윗의 셋째 아들 압살롬은 자기 누이를 범했다는 이유로 이복형제 암논을 죽였다. 암논의 사망소식을 전해들은 다윗은 통곡했고, 압살롬을 삼 년 동안 보지 않았다. 그 압살롬도 죽게 된다. 그의 죽음은 그가 일으킨 모반 때문이었다. 암논을 죽이고 도망갔다 돌아와 반역을 도모한 압살롬은 다윗의 군사들에 의해 목숨을 잃게 되는데, 압살롬의 비보를 전해 들은 다윗은 이번에도 냉정을 유지하지 못했다. 아픈 마음을 가누지 못해 눈물로 탄식했던 것이다.

"내 아들 압살롬아, 내가 너를 대신하여 죽었더라면, 압살롬 내 아들아, 내 아들아…."

압살롬은 형제를 죽이고 아버지의 후궁들을 욕보였을 뿐 아니라, 아버지의 목숨까지 앗으려한 패륜아였다. 그런 망나니 아들의 죽음조차도 다윗에게는 크나큰 슬픔이었던가 보다. 자신이 죽는 편이, 죽은 아들을 보는 것보다는 훨씬 덜 고통스럽겠다고 울부짖었던 아버지가 바로 다윗이었다.

아브라함은 일말의 주저함도 없이 아들을 번제의 제물로 하나님께 드리려 했지만, 만약 다윗이 그 같은 명령으로 하나님을 받들어야 했다면 어땠을까 생각해본다. 밧세바의 아이를 살려 달라고 간구한 것처럼 그 명을 철회해 달라고 주야로 빌었을 테고, 또 하나님에게 순종하는 자라, 명령을 따르기는 했겠지만 끊임없이 눈물을 흘리면서 아들을 끌어안고 제단을 향해 떨어지지 않는 발걸음을 옮기지 않았을까.

끝없이 이어지는 전쟁과 죽음. 그 삭막하게 이어진 나날들을 지나야 했던 다윗. 그러나 그는 종신토록 하나님조차 감복시켰던 아름다운 인성을 잃지 않고 살았다. 인간을 선의로 대하고, 넘치는 사랑으로 한 생명, 한 생명을 따뜻하게 보듬어 안았던 눈물 많은 왕 다윗. 성서에 기록된 수많은 인물 가운데 인간으로서의 매력이 넘치는 캐릭터를 들라면 나로서는 먼저 다윗, 그를 꼽지 않을 수 없다.

우울한 날에는 시장에 가지 않는다

옛날에는 시장 가는 것이 즐거웠다.

골목마다 그득하게 쌓인 과일이며, 광주리마다 수북한 나물, 때깔 고운 신발들과 용도를 알 수 없는 신기한 일상용품 사이를 돌아다니면 구경하는 것만으로도 마음이 풍요로워졌다.

능숙한 솜씨로 붕장어 껍질을 벗기거나, 일도 아니라는 듯 간단하게 닭을 토막 내 건네는 시장아줌마의 씩씩한 몸짓을 바라보면, 세상살이의 어렵던 고민도 어쩌면 저토록 별거 아니란 생각, 무쇠 칼로 몇 번 탁탁 내리치면 그만이라는 생각에 기운이 솟곤 했다.

큰비 오고난 뒤의 강물 같은 그곳의 도도한 활기에 섞이면, 일상에 지쳐 시든 상추 같던 삶이 푸들푸들 새파랗게 되살아나는 느낌이 들어서 마음 우울한 날에는 시장 가는 것이 좋았다. 복잡하고 불분명하던 나의 우울은 좌판 사이 어디쯤에선가 증발되곤 했었다.

지난 날, 시장의 산책에서 나는 내가 보고자 했던 것만 보았다. 나 같은 얼치기가 빌붙어 살아도 괜찮을 만큼 끄떡없이 잘 돌아가고 있는 세상의 풍경을 확인하고 나면 칼국수 한 그릇 뜨듯하게 먹은 것처럼 마음이 푸근해져서 올 때와 달리 가벼워진 발걸음을 집으로 돌리곤 했던 것이다.

그러나 이제 우울한 날엔 시장에 가지 않는다. 나에게 시장은 더 이상 낭만의 공간이 아니다.

청과점의 문 앞에 산더미처럼 쌓아올려진 형형색색의 과일들은 아르침볼도의 그림 속에 나오는 색감 고운 정물이 아니다. 그것들은 청과점 늙은 주인의 족쇄다. 지긋지긋하게도 생기로운 날것의 족쇄다.

주인은 종일 지키고 있던 과일 곁을 밤 깊은 시간에도 떠나지 못한다. 달콤한 향내를 풍기는 과일들은 그를 결혼식이나 장례식에도 보내주지 않는다. 그가 아는 세상은 과일가게의 크기로 점점 축소되고, 긴 세월이 흘러도 그의 곁에는 언제나 똑같은 모양과 빛깔의 과일들뿐이다. 과일로 만든 감옥에서 평생을 살아온 늙은 주인은 또 그렇게 내처 남은 세월을 살아갈지 모른다.

오 년간 작은 일식집을 운영하고서야 나는 내가 가지고 있던 시장의 환상에서 깨어났다.

장사를 한다는 건 단순히 물건만 파는 게 아니었다. 내 시간, 내 자유를 함께 파는 일이었다. 시간은 내어놓는 만큼 돈으로 치환되었기에 조금이라도 더 돈을 벌기 위해서는 일분일초라도 더 많은 시간을 자신에게서 짜내야 했다. 휴식일이었던 공휴일, 일요일은 평일보다 한층 열심히 일해야 하는 날이 되었다.

눈만 뜨면 가게로 나와 밤늦게 폐점할 때까지 좁은 공간을 맴돌며 그 속에서 움직였다. 단촛물을 끓이고, 야채를 다듬고, 캘리롤과 데마끼의 재료를 만들고, 초밥을 빚고, 주문시간을 맞추기 위해 애를 태우고, 포장을 하고, 식탁을 치우고, 설거지를 하고, 아르바이터를 구하고, 막힌 하수구를 뚫고, 간판 때문에 옆집 상인과 실랑이를 벌였다. 그 모든 일을 해내기 위해서 목욕하는 시간, 가족들을 위해 쇼핑하는 시간, 나를 위해 반드시 써야 할 시간들을 점차 줄이거나 취소했고, 마침내 식사하는 시간마저도 온전히 내 것이 아니게 되었다.

내게 있어 식사는 가장 사소한 일, 무가치한 일로 전락했다. 그것은 다른 일에 언제나 최우선으로 밀려나 유보되었다. 식사 중에도 손님이 오면 손님의 식사를 위해 먹던 입을 소매로 지우고 얼른 일어나야 했다. 한참 뒤 돌아와 식어빠진 밥그릇 위에 걸쳐진 숟가락을 바라보는 일은 서글펐지만, 그 서글픔을 알지 못하는 척, 차가운 찌개국물과 함께 뱃속으로 밀어 넣는 일이 일상이 되어갔다.

가게 일 말고 다른 일은 할 수 없었다. 삼 분 거리에 영화관이 즐비했지만 영화 한 편 보러 갈 짬이 나지 않았다. 밥을 먹으러 와서 방금 보고 온 영화 이야기를 나누는 손님들이 그렇게 부러울 수가 없었다. 하루 열두 시간 이상을 서서 일하며, 누구보다 열심히 사는데도 영화 관람이 사치처럼 느껴지는 처지가 기가 막혔다.

유리창 밖으로, 주말을 즐기며 느긋하게 거리를 걸어가는 인파를 바라보고 있으면, 나는 어쩌다 그만 수족관에 갇힌 농어 같았다. 영영 수족관을 벗어날 수 없을 것 같은 절망감이 들 때면, 저 유리문 밖, 세상 밖으로 탈출하고픈 욕망 또한 맹렬하게 솟구쳤다.

세상 속을 활보하고 싶어 아우성치던 내 정신은 어느 지점에 이르자, 현실이라는 그물에 걸려 가게를 떠날 수 없는 몸을 멋대로 벗어나서 인쇄된 문자들이 건설하는 광활한 시공간으로 떠나 가버렸다. 말릴 수가 없었다. 말리고 싶지도 않았다. 두 개의 눈동자가 간절히 원하는 것을 볼 수 있도록 그냥 내버려 두었다. 일하는 중에도 틈만 나면 몽유병자처럼 하얀 종이 속 먼 제국들을 헤매 다녔다.

일상에 함몰되어 정체감을 잃어가던 나는, 넓은 세상을 접하고 와서 내 인식 지평의 저 너머를 활자로 보고하는 사람들을 통해,

궁극적으로 내가 귀속되기를 원하는 세계가 어딘지 깨닫게 되었다. 보잘 것 없는 액수의 돈을 벌기 위해, 너무도 많은 소중한 것들을 포기해야 하는 현재의 삶에 대해서 냉정해졌다. 이렇게 살아서는 안 되겠다는 생각으로 오 년간의 장사를 끝냈다.

일식집 문을 닫은 뒤로 오랫동안 그곳을 찾지 못했다. 그 자리가 어떻게 변했을지 궁금했지만 찾아갈 용기가 나지 않았다. 내 삶 속, 혹독한 전투의 현장이던 그곳에 피투성이 살점처럼 너덜거리며 붙어있을 오 년의 흔적을 대면할 자신이 없었다.

그나마 대안이 있어 나는 용감하게 가게를 접을 수 있었다. 그러나 수많은 상인들은 생계에 대한 뾰족한 대책이 없어 힘들어 하면서도 장사를 놓지 못한다. 샐러리맨들은 근무일수가 단축돼 예전보다 많은 여가 시간을 즐기게 됐지만, 음식점 주인을 비롯한 상인 대부분은 예나 지금이나 겨우 하루 네댓 시간을 자고, 휴일도 없이 일하는 사람들이 수두룩하다. 그런 고행과도 같은 성실을 발휘해야 생활을 영위할 수 있는 험난한 직종이 자영업, 바로 장사다.

살아오면서 '부'에 집착하지는 않았다. 부라는 것을 단순히 호사스런 생활을 가능하게 해주는 풍족한 물질로만 생각했다. 그러나 내가 하고 싶지 않은 일을 하지 않을 자유, 내가 원할 때 당장 하고 싶은 일을 할 수 있는 자유를 부가 없으면 누리지 못한다는 인식은 하지 못했었다.

지난 오 년간, 내 볼일을 보기 위해 가게를 비워야 할 때면 내 부재를 대신할 다른 누군가의 시간을 반드시 돈을 내고 사야 했다. 그런 경험으로, 시간은 곧 돈이라는 금언에 나는 절대적으로 공감하게 됐다. 남아도는 게 시간이라는 사람은 정말이지 엄청난 부를 소유한 사람이다. 그럼에도 그가 가난한 이유는 자신이 소유한 부의 가치를 알지 못하고 함부로 낭비해 버리는 데 있다.

폐업 몇 달 뒤, 7월의 어느 월요일 저녁. 혼자 부산문화회관에 갔다.

대극장의 어둠 속에 앉아 부산 시니어 교향악단이 연주하는 베토벤의 트리플 콘체르토 op.56번을 듣던 나는 감정이 북받쳐 올라 뜨거운 눈물을 흘리고 말았다. 바이올린과 첼로, 피아노의 삼중주가 오케스트라와 함께 빚어내는 선율이 너무 아름답기도 했다. 하지만 그보다도 음악에 귀 기울이는 그 시간이 몇 달 전만해도 눈코 뜰 새 없이 초밥을 만들고, 서빙을 해야 했던 저녁 여덟 시라는 것과, 그렇더라도 더 이상 마음 졸이는 일 없이 느긋하게 연주회장에 앉아 있을 수 있다는 사실이, 세상의 어느 황제 부럽지 않게 행복한 그 시간이 감사해서 눈물을 참을 수가 없었다.

하지만 시장에는 그 밤에도 붕장어의 껍질을 벗기고, 국수를 삶고, 과일 파는 일을 끝내지 못한 많은 상인들이 있음을 알고 있었다. 자정 넘어서까지 설거지를 하고, 내일 팔아야 할 물건들을 옮기고, 정리하느라 불을 끄지 못한 가게들이 도처에 있다는 것을.

설거지를 하다가 울고 있는 손가락을 봤다
은가락지 한번 낀 적 없고
당최 그런 것이 어울리지도 않는
짧고 뭉툭한 손가락이 울고 있다
감기 들면 코 닦고
뒤보면 또 알뜰히 닦아주는
그런 일이나 어울리는 손가락
손톱 끝은 부러지고
덜 아문 베인 상처가 있는
손가락이
수저와 접시들 사이에 섞여
울고 있다

마지막손님이 떠나고
씻어놓은 그릇들은
하루만큼의 높이로 쌓였는데
자정이 다되도록 아직 물에 잠긴 손가락이
물보다 더 찬 슬픔에 잠겨 나를 부른다
베인 상처가 아프다고
문득, 올려다본다

-졸시, <자정의 손가락>-

상인들이 치르는 삶의 고단함을 알기에 시장에 가는 일이

나에겐 조금도 즐겁지 않다. 시장은 필요한 물건을 사기 위해 어쩔 수 없이 가야 하는 곳이다. 갔다가도 얼른 돌아 나오고 싶은 곳이다. 그리고 이제, 우울한 날에는 절대로 가고 싶지 않은 그런 곳이 되었다.

피구시합

초등학교시절 피구시합을 하면서 인생은 아마도 피구 같을 거라는 생각을 했다. 피구의 룰은 간단하다. 공격권을 가진 팀의 선수들은 코트 안에 포진한 상대팀 선수들을 공으로 타격한다. 그 공에 등이나 어깨, 어느 부분이든 맞은 사람은 죽는다. 죽지 않기 위해서는 그 공을 잽싸게 피하거나, 자신에게 날아온 공을 손으로 받아야만 한다. 공을 받은 사람은 그 공으로 반대편 코트 안의 상대 선수를 공격할 수 있다. 그러나 공이 날아오면 그 공을 받아낼 확률보다 공에 맞아서 죽을 확률이 더 높기 때문에, 대부분 비명을 지르며 숨 가쁘게 달아나기 바쁘다.

그러나 아무리 아우성을 지르고 몸부림쳐도 코트 안의 사람들은 하나, 하나, 아웃당한다. 공은 전후좌우에서 날아오고,

날아오는 속도는 점점 빨라진다. 종국에 이르면 살아남아서 상대방의 공에 힘겹게 맞서는 사람의 수는 고작 두서너 명에 불과하다.

열심히 공을 피해 다니며 생각했었다. 지금 시합을 하고 있는 우리들도 이 공처럼 삶 속에서 느닷없이 찾아오는 죽음과 맞서야하고, 결국 그것을 피하지 못한 채, 시간이 흐르면 하나 둘 세상에서 아웃되리라고. 나는 현실에서도 최후까지 남고 싶었다. 그런 마음 때문이었을까. 피구시합 때마다 요리조리 공을 잘 피했고, 아웃되더라도 막판에 이르러서야 코트를 나갔다.

죽음을 운명론적으로 그리고 있는 영화 <데스티네이션>을 보면서 오래전의 피구시합을 떠올렸다. 이 영화에서 모든 인간이 맞이하는 죽음의 순간은 저승세계가 기획한 사망 프로그램 속에 순차적으로 프로그래밍 되어 있다. 영화 속 주인공과 그 친구들에게도 순서에 따라 죽음이 찾아오지만, 주인공이 가진 특별한 예지력 덕분에 죽어야 할 시간과 장소에서 몸을 피하게 된다. 운명은 공격권을 가진 피구선수처럼 누구나 한방에 넉다운될 공을 날렸지만 주인공은 예상을 깨고, 그 공을 받아내고 살아난 것이다.

사망의 시각을 넘겼으므로 그들은 영생을 얻을 수 있을 것인가. 그렇지 않다. 사신死神은 자신이 던진 죽음의 그물망에서 달아난 사람들을 좌시하지 않는다. 치사율 백 퍼센트, 완벽을 자랑하던 업무수행력에 흠집을 낸 사신은 죽음을 피해간 일당들을 집요하게 추적하여 결국 그들을 원래의 운명대로 사망에 이르게 한다. 죽을 사람이 죽지 않으면 이 우주의 순행이 멈추기라도 하는 듯, 치밀하고 교묘하게 사고를 조장하여 죽어야 할 사람의 생명을 빼앗고 만다.

영화 속에서, 죽어야 할 사람에 대한 저승세력의 집착은 가공할 만큼 집요하다.

그러나 뒤집어보면 그 영화는 죽음에 대한 인간들의 집착을 역설적으로 표현하고 있다. 할 수만 있다면 떨쳐내고 싶지만, 그러나 우리는 누구나 죽음에 집착한다. 단 하루라도 '죽음'이란 단어를 생각지 않고 사는 날이 없을 정도로.

유아들은 제 몸에서 쏟아져 나오는 똥이라는 물질, 생의 분비물에 집착한다. 그러나 죽음에 대한 개념을 인지하게 되는 순간, 인간은 똥을 버리고 끈질긴 그 집착의 자리에 죽음을 놓는다. 주변에 도사린 위험들 속에서 우리는 시시때때로 자신을 겨누고 있는 죽음의 그림자를 넘겨다보며 살아간다. 삶은 죽음으로부터 나를 방어하는 행위다. 죽음으로부터 나를 떼어놓기 위해 운동하고, 치유하고, 먹고, 쉬고, 돈을 벌고, 굴욕을 참아내고, 미친 듯이 웃는다. 죽음을 담백하게 생각한다면 생식행위에도 그토록 열을 올리지 않을 것이다.

인간이 느끼는 온갖 두려움의 근원에는 죽음이 있다고 한다. 궁극적으로 인간이 가장 두려워하는 것은 죽음임에 틀림없다.

죽음이 어떤 건지 알지만, 사실 우리 누구도 그것이 무엇인지

정확하게 모르고 있다. 살아있는 순간에는 결코 경험할 수 없는 것이 자신의 죽음이기에 말이다. 죽음의 너머에 무엇이 있는지, 죽음 이후를 알 수 없다는 것. 편하고 익숙한 것으로부터 벗어나 미지의 영역으로 들어선다는 것에 대한 혼란과 두려움. 존재가 무화된다는 것, 나를 상실한다는 것, 그 실체를 알 수 없는 개념. 애매모호한, 그 지독히도 불확실한 것이 우리를 두렵게 만든다.

<데스티네이션> 시리즈에 나오는 죽음에 이르는 다양한 방법들은 잔혹하다. 영화는 우리들이 한 번쯤 떠올려봤던 가장 피하고 싶은 죽음의 방법들을 구체화하여 보여준다. 불, 달리는 차, 에스컬레이터, 엘리베이터, 수영장 배수구, 비행기, 물, 맹수, 세차기계, 날선 칼과 가위, 거대한 낙하물체…. 이런 것들이 영화에 등장하는 인명살상 도구들이다. 이 물체들에 의한 인간들의 처참한 죽음이 스크린 위에 쉴 새 없이 이어진다.

시선을 돌리고 싶을 만큼 잔혹한 장면들이 넘쳐나지만, 흥행에 눈이 멀어 자극적인 영상으로 도배했다고 이 영화를 매도하고 싶진 않다. 누구나 그런 끔찍한 죽음에 직면하는 순간의 공포를 상상해봤을 것이다. 그리고 그런 식의 죽음만은 피하고 싶다는 욕망을 가졌을 것이다. 그러니 영화는 터무니없는 것으로 우리를 협박하거나 도발하지는 않는다. 우리들이 외면하고 싶지만 마음속에 도사리고 있는 두려움을 솔직하게 까발렸다는 이유로 영화를 비난할 필요는 없을 것이다.

다만, 이 영화가 불편한 것은 등장인물들이 자연사하지 못하고 모두 작위적인 사고사를 당하는 설정을 통해, 인간과 죽음에 대한 관계를 일방적이고 극단적으로 몰아간 것이다. 그래서 죽음은 오로지 잔혹한 공포의 대상이 되고 말았다.

모든 영화가 인간이 기를 쓰고 피해 달아나야 하는 끔찍한 것으로 죽음을 다루지는 않는다. <로미오와 줄리엣>에서 죽음은 차가운 현실에서 버티지 못하는 연인들이 마지막으로 선택하는 안식처로 등장한다. 우리 영화 <올드미스 다이어리>에서는 저승사자가 미자 할머니의 수명을 거두러 왔다가 일대일 맞장뜨기에서 패한 뒤, 옆집 할머니의 명을 대신 거두어가는 해프닝을 벌이기도 한다. 그러고 보면 예부터 한국인의 의식이 만들어낸 저승사자는 <데스티네이션>의 저승세력처럼 잔혹하거나 악착같지 않았다.

또, 시한부 인생을 선고받은 <라스트 홀리데이>의 주인공은 죽음의 공포에 질리지도, 죽음 때문에 비탄의 세월을 살지도 않는다. 그녀는 팍팍한 삶을 견디느라 미루고 살았던 즐거움을 남은 시간 동안 누리기 위해 애썼을 뿐이다. 아이러니하게도 죽음은 그녀를 삶에서 자유롭게 해주었다.

어젯밤 장례식장에 갔었다. 췌장암으로 유명을 달리한 남편 친구의 아버지를 조문했다. 장례식장은 예전에 돌아가신 시아버지를 모셨던 곳과 같았다. 6호실까지 있는 장례식장은 만원이었다. 복도 양편, 각 방에는 검은 한복을 입은 여인들과 검은 양복 차림의 남자들이 탁자 주변에 앉아있었다. 복도에 빽빽하게 세워진 하얀 국화 화환들에서 진한 향기가 풍겼다.

3호실에 들어가 검은 상복차림을 한 유족들의 접대를 받았다. 우리가 영정을 향해 재배하는 동안, 고인이 생전에 귀의했던 기독교식 장의에 따라 상주는 호곡 없이 조용히 서 있었다. 늦은 시각이어선지 넓은 장례식장 어디에서도 거친 울음이나 호곡 소리가 들리지 않았다. 슬픔에 몸부림치는 사람도 없었고, 조문객과 상제들의 도란거리는 말소리만이 장례식장의 밤 공기 속에 조용히 떠오를 뿐이었다.

사람들이 둘러앉은 탁자 위에는 죽음의 편린들이 쌓여있었지만 그 죽음에는 공포가 없었다. 고인은 위중한 병을 앓았어도 돌아가시는 날 오전까지도 특별한 징후가 없었다가 급작스레 세상을 떴다고 한다.

향년 77세. 피구로 치면 시합 막바지에 이를 때까지 버틴 어른이었다. 저승세계에 프로그래밍 된 수명도 그리 억울한 건 아니었고, 죽음의 방식도 <데스티네이션> 시리즈에 나오는 끔찍한 사고사와는 달랐다. 그래서일까. 결국 날아온 공을 피하지 못하고 최후를 맞은 노인의 죽음은 붉은 피가 철철 흐르는 날것이 아니라 깔끔하게 손질해서 팩에 담은, 거부감이 느껴지지 않는 가공육 같은 느낌이었다.

죽음도 이미지 메이킹이 되는지 모르겠다. 내가 원하는 최후의 순간을 선택하고 그대로 이루어질 수 있다면 그것은 큰 행복일 것이다. 그러나 죽음을 어떤 식으로 규정하느냐는 각자의 몫이다. 운명적인 것으로 치부하고 강박적으로 집착하든, 날아오는 죽음의 피구 공에 쉽사리 자신을 내어주든, 저승사자와 맞장을 떠서 타협을 보건, 중요한 건 죽음이 아니라 삶이다. 공에 맞을 때까지 우리가 심장을 펄떡이며 살아내야 할 어떤 삶. 죽음은 늘 우리 주변에 널려있다. 그래서 익숙한 것이지만 또한 매번 마주칠 때마다 낯선 모습이기도 하다.

동생은 몰랐겠지만

동생과 아버지의 불화는 '개'에 대한 두 사람의 견해 차이에서 비롯되었다. 동생은 개를 좋아했고, 아버지는 개를 좋아하지 않았다. 동생은 개를 키우고 싶어 했고, 아버지는 개를 키우는 걸 허락하지 않았다. 동생이 기어이 자신의 욕망을 실현한다면 그것은 곧 아버지에 대한 항명, 그의 체재에 대한 반항이 되는 거였고 또, 거기에는 감당하기 힘든 처벌이 따랐다. 그런 걸 모를 리 없었지만 동생은 끝내 개를 포기하지 않았다.

사실, 그 둘 사이 불화의 단초를 제공한 것은 나였다. 외가에서 땅개의 새끼 한 마리를 얻어와 길렀던 건 애초에 나였다. 어쨌건 그 한 마리로 만족했으면 좋았으련만 친척 따라 외가에 갔던 동생이 또 다른 강아지 한 마리를 더 데려왔던 것이다.

한 마리는 어떻게 참아보려 했던 아버지는 울화가 치밀어 그것들을 도로 외가에 보내버렸다. 그쯤 되면 동생은 나처럼 단념을 해야 했다. 하지만 그 애는 무엇과도 타협하려 들지 않았다. 정을 나눈 개들과 떨어지지 않겠다는 일념뿐이었다. 며칠 뒤 동생은 개들을 되찾기 위해 혼자 가본 적 없는 길을 짚어 외가로 갔다. 기차와 버스를 몇 번씩 갈아타고 밀양으로 간 동생은 무사히 외가를 찾아 저의 원대로 개들을 데려왔다.

영문도 모르고 천릿길을 왕복한 어린 황구와 백구는 박스에 담겨져 집의 으슥한 곳에 숨겨졌다. 숨기기는 했지만 어설픈 비밀은 며칠 못 가 아버지에게 들통이 났고, 동생은 마당에 끌려나와 된통 매질을 당했다.

동생이 개들을 안고 대문을 들어섰을 때, 예상하지 못했던 만큼 놀라웠고 기뻤다. 다시는 못 볼 줄 알았던 귀여운 털북숭이들과 재회하게 해 준 동생이 고마웠다.

동생이 개들에게 가졌던 욕망은 곧 나의 욕망이기도 했다. 단지 다른 점이 있다면 동생의 욕망은 나의 그것보다 훨씬 질기고 강했다는 것이다. 갖은 수고를 무릅쓰고 개를 되찾아온 동생에 의해 나는 손가락 하나 까딱하지 않고 나의 욕망을 실현했으니 애쓴 동생을 위해 뭐든 하나쯤은 해줘야 마땅했다.

그러나 정작 동생이 아버지에게 매를 맞을 때, 나는 작은방에 숨어있었다. 하기야 마당에서 아버지의 고함소리와 동생의 울음소리가 들리기 훨씬 전부터 그 방에 머물러 있긴 했지만,

동생의 단죄가 시작됐을 때, 나는 방의 닫힌 문과 벽들의 뒤에 한껏 몸을 숨기고 있는 느낌을 떨치지 못했다.

방구석에 쪼그리고 앉아 있지만 말고 문을 열고 밖으로 나가야 한다고, 나가서 동생에게 힘이 되어줘야 한다고 내 안의 또 다른 내가 부추기고 있었으나, 심장만 터질 듯이 쿵쾅거릴 뿐, 몸을 일으킬 수가 없었다. 내 욕망까지 제 등에 업고 매를 맞는 동생을 저 공포스러운 시간 속에 홀로 두면 나는 비겁한 인간이 될 거라고, 일어서라고, 밖으로 나가라고, 내 안의 나는 계속 소리를 질러댔다. 하지만 나는 끝내 방바닥 장판에 새겨진 지루한 무늬의 연장인 듯 꼼짝 않고 앉아 있었을 뿐이다.

매질이 끝나고 얼마 후, 방문이 열렸다. 웅크리고 있던 내 옆으로 모진 시간을 견뎌낸 동생이 들어왔다. 그때 동생은 싸늘했다. 날카롭게 벼려진 한 자루의 장검 같았다. 용기 없는 인간, 소신대로 행동하지 못하는 인간, 타인의 등 뒤에 숨어서 고난을 피하는 인간들은 거기 살짝 스치기만 해도 싹둑 두 동강이 날 것 같았다.

동생은 이불을 꺼내 뒤집어쓰고 누워서는 못다 운 울음을 마저 울기 시작했다. 그 애는 그때 어리고 단순해서 나와 함께 받아야 할 벌을 저 혼자 다 받았다는 것을 모르는 것 같았다. 그래서 이불 밖으로 새어나오는 울음소리에는 아버지에 대한 원망 말고 다른 것은 섞여있지 않았다.

철모르는 동생의 그 한숨과도 같은 가벼운 흐느낌을 들었을 때

나는 깨달게 되었다. 비겁한 인간보다는 차라리 비열한 인간이 되는 편이 훨씬 낫다는 것을. 그러한 인식은 언제 끝이 날지 모르는 나 자신에 대한 단죄의 시작이었다.

좌측통행

얼마 전부터 지하철 계단에 '우측통행'이란 표식이 붙었다.

기억하건대, 초등학교 입학식 날 내가 제일 처음 배운 규칙은 '좌측통행'이었다. 손수건을 매단 머릿니 같은 아이들을 운동장에서 교실로 인솔하던 담임선생님은, 복도에 이르렀을 때 모두가 들을 수 있도록 큰소리로 외쳤다.

"복도나 계단에서는 반드시 왼편으로 걸어야 합니다!"

선생님에게 첫 번째로 받은 그 훈시를 마음 깊이 새겼다. 누런 코나 찔찔 흘리는 아둔한 아이들은 선생님이 정해준 규칙을 금세 까먹고 중구난방으로 뛰어다닐게 뻔했다. 모범생이 되기로 결심했던 나는 복도에 들어설 때마다 선생님이 정해준 통행규칙을 떠올리고는 복도 왼편을 따라 조신한 걸음으로 걸었다.

그러면서 통행규칙을 안 지켜 손바닥을 맞거나, 차가운 바닥에 꿇어앉아 굴욕적인 벌을 당하는 아이들을 경멸하며 지나쳤던 것이다.

40년 가까운 세월 동안, 그 규칙을 지키려 애쓰며 살았다. 규칙의 준수는 나를 선하고 양식 있는 시민의 편에 서게 했다.

오랜 세월에 걸쳐 내면화되어 본능처럼 된 그 규칙이 어느 날 갑자기 폐기되었다. 놀란 가슴을 안고 그 이유를 확인해보았다. 좌측으로의 통행이 '비합리적'이기 때문이라 했다.

현실적으로 오른손잡이들이 대다수인 현실에서 사람들이 좌측통행을 하는 경우, 오른손에 든 가방이나 물건이 반대 측 사람의 통행에 불편을 끼친다는 것이다. 거기다 우측통행을 하면 보행속도가 증가하고, 심리적 부담감을 감소시키는 효과가 있다 한다. 하지만 우측통행이 타당하다 해도 그럴수록 속은 더 상한다.

지난날, 우측통행을 했다가 무릎 꿇고 반성문을 썼던 그 많은 아이들은 뭐란 말인가? 그 아이들은 보행 시 충돌횟수를 감소시키고, 보행밀도를 감소시키는 옳은 일을 했음에도 비효율적인 규칙을 준수하지 않았다고 처벌받은 게 아닌가. 그 아이들에게 냉소를 퍼붓고 경멸했던 나는 또 뭐란 말인가?

혼란스러웠다. 그동안 옳다고 믿어왔던 가치들에 대해 한꺼번에 의혹이 일었다. '선생님은 반드시 옳은 가치의 편에 서는 사람'이라는 믿음도 사라졌다. '우측보행이 보다 합리적이지만 제도권에서 이미 좌측통행을 법제화하고 있으니 질서를 유지하기 위해선 따라야 한다.' 이렇게 말해준 선생님이 아무도 없었다는 게 아쉬웠다.

아니, 누굴 원망할 일이 아니었다. 왜 우측이 아니라 좌측이어야 하는지, 한번이라도 의문을 가지지 않았던 자신을 탓할 일이었다. 제도권에서 주입하는 규칙을 의심 없이, 무조건적으로 받아들이고 살았던 자신이야말로 '바보 장단에 놀아난 또 다른 바보'였을 뿐이다. 한평생 믿고 살아온 천동설이 사실은 엉터리라는 것을 알게 된 사람들, 그들 또한 충격의 양은 다를지라도 이와 유사한 심리적 저항을 느끼지 않았을까.

물론, 어느 시대, 어느 사회건 규칙은 반드시 있어야 한다. 제도나 법규 없이는 사회질서가 유지되기 어렵고, 구성원의 편익이 보장되기 힘들다. 많은 사람들이 한꺼번에 통행하는 장소에서는 충돌 없이 일사분란하게 움직일 수 있는 통행규칙이 꼭 필요하다.

그러나 좌측통행을 90년간이나 강제했다가 우측통행으로 바꾸는 제도권의 행정은 개탄스럽다. 좌측통행의 비합리성을 깨닫고 시정하는데 그토록 오랜 시간이 걸려야 했는가. 수많은 규칙이 난립하고, 옳은 것으로 주입받은 통념들이 한순간에 파기되는 이 세태가 마치 처음 가본 도시의 복잡한 교차로처럼 나를 혼란스럽게 한다.

행복한 인생길을 걷기 위해서 앞으로는 무조건 제도권이

지정한 방향으로만 걷지 않을 작정이다. 오른쪽이든 왼쪽이든 따져봐서 옳다고 판단되는 방향으로 걸어갈 생각이다. 설령 나쁜 결과가 생기더라도 무작정 남의 장단을 맞추다가 그리된 게 아니라서 억울하진 않을 것 같다.

성낙향 수필집

염장다시마

인　쇄 / 2011년 11월 20일
발　행 / 2011년 12월 10일

저　자 / 성 낙 향
발 행 인 / 서 정 환
발 행 처 / 수필과비평사

출판등록 / 1984년 8월 17일 제28호
주　소 / 서울시 종로구 익선동 30-6
운현신화타워 빌딩 2층 208호
전　화 / (02) 3675-5633, (063) 275-4000
팩　스 / (063) 274-3131
E-mail / essay321@hanmail.net

값 12,000원

ISBN 978-89-5925-949-6 03810